8° O
953

BIBLIOTHÈQUE POPULAIRE

DES

AMIS DE L'INSTRUCTION

DU XIIe ARRONDISSEMENT

12, RUE CHALIGNY, 12

Ouverte tous les soirs de 7 heures 1/2 à 10 heures
et le Dimanche de 10 heures à midi

STATUTS & CATALOGUE

AF474637

PARIS
A. PARENT, IMPRIMEUR DE LA FACULTÉ DE MÉDECINE
A. DAVY, successeur
52, RUE MADAME ET RUE MONSIEUR-LE-PRINCE, 14

1885

BIBLIOTHÈQUE POPULAIRE

DES

AMIS DE L'INSTRUCTION

DU XIIe ARRONDISSEMENT

12, Rue Chaligny, 12

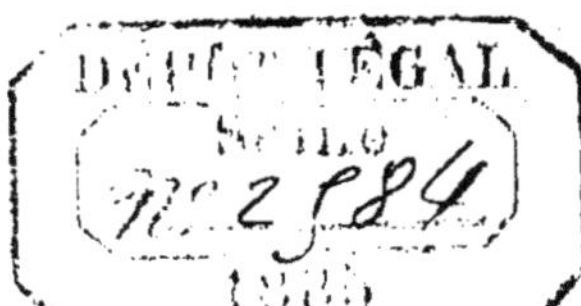

STATUTS

Considérations générales.

La Bibliothèque des Amis de l'Instruction du XIIe arrondissement est fondée sur les mêmes principes que les sociétés coopératives.

Les sociétaires s'unissent pour acquérir, avec le produit d'une cotisation mensuelle, les ouvrages que recommandent leur mérite et leur utilité ; ces ouvrages, aussitôt catalogués, deviennent la copropriété des associés ; ils sont déposés dans la bibliothèque commune. Tous les souscripteurs ont droit à les lire au siège social ou à leur domicile, en se conformant aux Statuts et Règlement adoptés par eux.

Le choix des livres est réservé au conseil d'administration élu par les sociétaires ; mais ceux-ci y participent également en faisant connaître leurs désirs à ce sujet, sur un registre spécial déposé d'une façon apparente au siège de la bibliothèque.

L'acquisition des livres n'est limitée que par les ressources de l'association.

Les livres qui, dans l'esprit des fondateurs, doivent trouver une large place dans la bibliothèque présentement constituée, sont généralement les ouvrages de science ; ceux concernant l'histoire nationale et étrangère, la géographie, les voyages ; les classiques de tous

8° Q 953.

15108

les temps et de tous les pays, les traités technologiques et professionnels, la littérature (prose ou poésie); enfin, quelques bons romans, ainsi que les recueils périodiques et les collections pittoresques qui se recommandent par leur mérite ou leur caractère de moralité; en un mot, tous les livres qui peuvent éclairer, instruire, moraliser et faire un contre-poids salutaire aux élucubrations malsaines ou niaises de la plupart des publications dites populaires.

L'expérience ayant démontré que certaines lectures exclusives faisaient et entretenaient le fanatisme des sectaires et couvraient la mauvaise foi des meneurs, une sage liberté présidera au choix des ouvrages mis en lecture, et les auteurs les plus autorisés des diverses écoles philosophiques trouveront place sur les rayons de la bibliothèque.

En seront exclus les livres immoraux.

STATUTS

ARTICLE PREMIER. — Une bibliothèque est instituée dans le ressort du XIIe arrondissement, sous la dénomination de : *Bibliothèque populaire des Amis de l'Instruction du XIIe arrondissement.*

ART. 2. — Son siège social est fixé, autant que faire se pourra, rue Chaligny, 12.

ART. 3. — Cette bibliothèque est fondée par association.

ART. 4. — Cette association a pour but de procurer à ses adhérents et à leur famille tous les livres nécessaires à leur instruction ou à leur délassement.

ART. 5. — La durée de l'association est illimitée ainsi que le nombre de ses membres.

ART. 6. — Il suffit, pour devenir sociétaire, d'être âgé de quinze ans au moins, d'avoir une résidence, de se faire inscrire au bureau de l'association, de payer le droit d'admission et de s'engager à payer la cotisation mensuelle.

ART. 7. — Le droit d'admission est fixé à 1 franc.

ART. 8. — La cotisation mensuelle est fixée à 0 fr. 50 cent. pour les hommes et 0 fr. 25 cent. pour les femmes.

Néanmoins les personnes qui verseront une somme de 100 francs deviendront sociétaires sans avoir aucune cotisation à payer à l'avenir.

Cette somme pourra être versée par à-compte de 10 francs au moins, soit 20 francs par an, le paiement complet devant être effectué dans un délai de cinq années.

ART. 9. — Les sociétaires, âgés de quinze à dix-huit ans, devront être patronnés par leurs parents ou par deux sociétaires majeurs. — Les sociétaires, âgés de dix-huit ans au moins, auront seuls le droit de voter dans les assemblées générales.

ART. 10. — La cotisation doit être payée régulièrement; quiconque restera trois mois sans la payer sera averti par les soins du Conseil. Après trois avertissements restés sans réponse, ce sociétaire ne pourra plus redemander de livres, sans se faire inscrire à nouveau, verser le demi-droit d'admission et payer les cotisations en retard.

Art. 11. — Chaque personne inscrite reçoit un livret sur lequel on émarge le paiement des cotisations mensuelles. Sur le livret sont inscrits, par le bibliothécaire, les livres confiés aux sociétaires.

Art. 12. — Les cotisations et le mouvement des livres sont inscrits également au siège social, sur des registres spéciaux, par les comptables, les administrateurs de service et le bibliothécaire, chacun en ce qui le concerne.

Art. 13. — Tous les livres sont revêtus du timbre de la bibliothèque.

Art. 14. — Le sociétaire ne peut recevoir qu'un livre à la fois. — Les encyclopédies, dictionnaires, collections, planches, etc., ne pourront être consultés que sur place.

Art. 15. — La durée du prêt ne peut excéder vingt jours ; on peut le renouveler pour une durée égale, si toutefois le volume en lecture n'est pas redemandé par un autre sociétaire.

Tout sociétaire qui, étant avisé, après l'expiration des délais réglementaires, ne rapportera pas le volume qu'il détient, sera suspendu de son droit d'emprunter des livres ou de lire à la bibliothèque jusqu'à ce qu'il ait régularisé sa position.

Art. 16. — Les dégradations aux volumes, planches, reliures, etc., sont à la charge des sociétaires qui les auront causées.

Les sociétaires qui auraient égaré ou perdu un volume, et qui n'en payeraient pas le montant, dans le délai fixé par le Conseil, pourront y être contraints par les voies de droit.

Art. 17. — Les livres étant la propriété exclusive de l'ensemble des sociétaires, nul ne pourra détourner un ou plusieurs volumes au préjudice de la Société sans commettre un abus de confiance prévu par les lois pénales.

Art. 18. — Si un lecteur rapporte un livre endommagé, il ne peut en recevoir un autre avant d'avoir remboursé la valeur ou payé les frais de réparation qui lui sont imputables.

Art. 19. — Les recettes sont opérées au siège social par le bibliothécaire. Elles sont inscrites aux registres de comptabilité et au carnet de caisse, dans l'ordre et aux dates des versements opérés par les différents comptables.

Art. 20. — Les registres, comptes généraux ou particuliers, sont tenus par les membres du Conseil chargés de la comptabilité ; ceux-ci surveillent de même la gestion du bibliothécaire et des employés. Ils comparent les recettes opérées par ces derniers avec les sommes encaissées par le trésorier. Ils n'ont jamais le maniement des fonds de la Société.

Art. 21. — L'avoir social se compose :

1° Des sommes provenant des droits d'admission ;

2° De celles provenant des cotisations individuelles ;

3° Des sommes données volontairement à l'association ;

4° Des livres et du matériel achetés par la Société, et des dons de cette nature qui lui ont été faits.

Art. 22. — Les ressources indiquées aux trois premiers paragraphes de l'article précédent sont exclusivement consacrées aux dépenses afférentes à la bibliothèque.

Art. 23. — Les droits d'admission et les cotisations mensuelles ne sauraient donner droit à aucune réclamation ni à aucun paiement d'intérêts, sous quelque prétexte et à quelque titre que ce soit, de la part des sociétaires démissionnaires ou exclus, non plus que de la part de leurs héritiers ou ayant-droits.

Art. 24. — L'exclusion d'un sociétaire pourra être prononcée provisoirement par le Conseil ; l'assemblée générale ratifie ou infirme la mesure prise par le Conseil.

Art. 25. — La dissolution de la Société ne pourra être prononcée qu'à la majorité des trois quarts des membres de la Société.

Art. 26. — En cas de dissolution, le matériel et les livres de la Société seront remis à une des institutions similaires dite des Amis de l'Instruction, désignée à la majorité des voix en assemblée générale.

Administration.

Art. 27. — La bibliothèque est administrée par un Conseil composé de vingt et un membres nommés par l'Assemblée générale, et renouvelables par tiers tous les ans. Le sort décidera des deux premiers tiers des membres sortants, lesquels sont toujours rééligibles. Ne pourront être nommés administrateurs que les sociétaires âgés d'au moins 21 ans.

Art. 28.— Le Conseil choisit dans son sein le Président de la Société et les membres devant constituer le bureau.

Art. 29. — Les membres du premier Conseil seront choisis parmi les 300 premiers fondateurs. Aux renouvellements ultérieurs et successifs du Conseil, ne pourront être élus que les sociétaires inscrits depuis un an et à jour de leurs cotisations.

Cependant, si besoin est, pourront être élus administrateurs, les Sociétaires ayant moins d'un an de présence à la Bibliothèque, mais à la condition qu'ils soient présentés par deux membres du Conseil d'administration.

Art. 30. — Le Conseil se conformera, pour la direction et l'exécution de ses travaux administratifs, au règlement complémentaire des Statuts, qui a été soumis et adopté par l'assemblée générale des fondateurs. Le Conseil pourra ajouter audit règlement toute disposition que la pratique aurait rendue nécessaire à la bonne administration de la Société.

Article additionnel.

1° En cas de démission d'un administrateur, le Conseil pourvoira à son remplacement jusqu'à l'assemblée générale annuelle.

2° En cas de démission de plus de cinq administrateurs, les sociétaires seront immédiatement convoqués pour pourvoir à leur remplacement.

3° La démission de plus de dix membres du Conseil entraînera le renouvellement intégral des 21 administrateurs.

4° Dans ce dernier cas, les pouvoirs du Conseil renouvelé partiront de l'Assemblée générale qui aura précédé et se poursuivront dans les conditions déterminées par l'art. 27.

5° Toute proposition de modification aux présents statuts devra toujours être soumise au préalable au Conseil d'administration huit jours au moins avant l'assemblée générale.

Comité consultatif et des études.

Art. 31. — Un comité consultatif et des études sera créé. Les membres de ce Comité seront choisis par le Conseil parmi les sociétaires qui se recommanderont le plus particulièrement par leur valeur littéraire ou scientifique, leur expérience de l'enseignement et les services rendus à la bibliothèque.

Art. 32. — Le nombre des membres de ce Comité est fixé à vingt-cinq.

Art. 33. — Dans toutes circonstances, le Conseil d'administration pourra appeler dans son sein, pour s'éclairer, la totalité ou une partie des membres du Comité consultatif, lequel pourra toujours se faire entendre du Conseil et lui soumettre ses propositions.

Art. 34. — Le Comité consultatif fait son règlement et nomme les membres de son bureau.

Assemblées générales.

Art. 35. — Une assemblée générale, pour la reddition des comptes et l'exposition de la situation morale et financière de la Société, aura lieu tous les ans. Les sociétaires devront être convoqués au moins cinq jours à l'avance.

Art. 36. — Les sociétaires pourront être convoqués en assemblée générale, pour un objet spécial, soit par le Conseil, soit par vingt-cinq sociétaires, qui devront en remettre la demande motivée, écrite et signée au Conseil, lequel devra ensuite faire la convocation.

Art. 37. — Tout sociétaire qui, en assemblée générale, fera la demande d'être utile à la bibliothèque en y consacrant son temps, sera admis par le Conseil comme administrateur adjoint et employé aux travaux intérieurs de la bibliothèque.

Art. 38. — Les administrateurs adjoints n'ont pas voix délibérative, mais ils peuvent assister au Conseil où ils ont voix consultative.

Art. 39. — A la fin de chaque exercice, douze sociétaires, tirés au sort, seront chargés de l'examen des comptes de la Société. En outre, tout sociétaire qui en fera la demande pourra se joindre à cette commission de vérification, qui sera convoquée douze jours à l'avance et rendra compte de sa vérification à l'assemblée générale.

RÈGLEMENT INTÉRIEUR

Article premier. — La bibliothèque est ouverte tous les jours de semaine, de 7 heures 1/2 à 10 heures du soir, et les dimanches de 10 heures à midi. Elle est fermée les jours d'assemblée générale de la Société, les jours de fêtes nationales, les 1er et 2 janvier, dimanche et mardi-gras, mi-carême, dimanche et lundi de Pâques, Ascension, dimanche et lundi de la Pentecôte, Assomption, Toussaint, jour des Morts et Noël.

Art. 2. — Toute conversation à haute voix est interdite dans la bibliothèque ; il est défendu de fumer.

Art. 3. — La police intérieure de la bibliothèque appartient aux administrateurs et au bibliothécaire.

Art. 4. — Les livres doivent être remis au bibliothécaire ou à l'administrateur de service et non placés sur les rayons par les sociétaires.

Art. 5. — Les sociétaires peuvent obtenir auprès du bibliothécaire tous renseignements, soit sur les ouvrages qui composent la bibliothèque, soit sur la marche et la situation de la Société.

Art. 6. — Tout sociétaire *qui change de domicile* devra, dans le plus bref délai, *faire rectifier son adresse ;* s'il doit faire une absence prolongée, il devra rapporter son livre et se mettre à jour de ses cotisations.

Art. 7. — Tout sociétaire qui ne voudra plus faire partie de l'Association devra *en donner avis, remettre son volume et solder ses cotisations échues.*

Art. 8. — Par exception, les sociétaires peuvent être autorisés à emporter deux volumes formant un même ouvrage, à condition que ces volumes soient d'un *petit format* et appartiennent à la *Série I.* Dans ce cas, les deux volumes doivent être rapportés ensemble dans le délai maximum de vingt jours.

Art. 9. — Les administrateurs sont autorisés à encaisser les cotisations ; ils seront munis de cartes nominatives destinées à établir leur qualité.

Art. 10. — Pour éviter toute discussion et mettre à couvert leur responsabilité, les sociétaires sont invités *à faire constater* par le bibliothécaire, s'il y a lieu, l'état dans lequel se trouvent les volumes qu'ils emportent, — faute de quoi *les dégradations* de ces volumes pourront *leur être imputées.*

LISTE DES DONATEURS.

Adam (Mme Ed.).
Agriculture (Min. de l').
Allou.
Andrieu (Dr).
Augé.
Augé (Ch.).
Auger (M. et Mme).
Barlet.
Barroin.
Bauer (J.).
Beaussire.
Beaux-Arts (Min. des).
Belhate.
Benoist.
Benon.
Bérault.
Bernard père.
Blondy (Mme).
Bonnefoy (Dr).
Boué (Lucien).
Bourneville (Dr).
Brieu.
Brissaud.
Brisson.
Brun (C.).
Brunant.
Cahen.
Calemard.
Casse (Germain).
Caucurte (H.).
Caybal.
Cazenave.
Céard.
Cernesson.
Champeval.
Chantreau (Mme).
Chauviret (Mlle).
Chenet.
Chevalier.
Chevallier (P.).
Chevé.
Colas.
Commerce (Min. du).
Conseil municipal.
Conty (De).
Corbon.
Cuenin.
Cuif.
Dalençon.
Damon.
Dardenne.
Dauby.
David.
Delaplanche.
Delon.
Denizot.
Déroulède.
Deschamps.
Desvaux.
Douglass.
Ducher.
Dulac (A.).
Dumaine.
Dumas.
Duprat (Pascal).
Durcher et Ce.
Enseignem. (Ligue de l').
Erbs.
Faure (J.).
Flacelière (Mlle).
Franklin (Société).
Freycinet (Ch. de).
Garby (Veuve).
Gasparin (Comtesse de).
Gasset
Germer-Baillière.
Gervais.
Goubert.
Graffigny (De).
Greppo.
Hamel (E.).
Hardou.
Hennequin.
Host.
Hovelacque.
Huber (G.).
Hugot.
Instruction publ. (M. de).
Jacquillot (Mme).
Jarlauld.
Jolivet.
Joubert.
Jumeaux (V.).
Keisser.
Kolb-David.
Labour.
Lacroix.
Lajamme-Belleville.
Langlois.
Leblanc.
Lechevalier (A.).
Leclerc.
Leclercq.
Leclère.
Ledru-Rollin (Mme).
Le Gastelois.
Lestonnat.
Lévy (Michel).
Lher (Mlle).
Littré et Wyrouboff.
Louchard (Mlle).
Louet.
Macé (Jean).
Maillet et Ce).
Maisonneuve.
Marine (Min. de la).
Martin.
Martin (H.).
Massé.
Mathiot.
Maurel.
Ménier.
Mesnil.
Michelet.
Michelet (Mme).
Moiré.
Monciny.
Morin.
Morin (A.-S.).
Moussard.
Naville.
Neveu jeune.
Nicolas (de Lyon).
Noiré.
Nomblot.
Ogier.
Pataud (Veuve).
Pataud.
Pelisson.
Pelleport.
Périsse frères.
Perraud.
Picard (Mme).
Picard-Bernheim.
Pichat (L.).
Pierre.
Pigoreau.
Pinsonneau (Mlle).
Pinsonneau.
Olivard.
Potaud.
Poux.
Quatesous.
Quinet (Mme E.).
Raspail (F.-V.).
Richer.
Ristelhuber.
Robert.
Rousse.
Roussel.
Salomon.
Sanderval (De).
Savy (F.).
Schepers.
Schmoll.
Simon.
Simon (Jules).
Simon (R.).
Sirdey (E.).
Soyez.
Tartaret.
Thalbot.
Thoubans.
Tissandier (G.).
Tournemine.
Trélon.
Vaché.
Vaux.
Verrier.
Ville de Paris.
Vilmorin-Andrieu.
Viltard.
Vimont.
Welter.
Wyrouboff et Robin.

PUBLICATIONS PÉRIODIQUES.

Le Génie civil.
La Nature.
Le Drapeau.
Le Tour du Monde.
Le Journal de la Jeunesse.
La Nouvelle Revue.
Le Bulletin municipal.
Les Modes parisiennes.
Le Livre.
La Revue des Arts décoratifs.

Ne peuvent être emportés à domicile :

Les Dictionnaires,
Les Codes,
La Géographie universelle d'Elisée Reclus,
Les Atlas,
L'Illustration,
Les Volumes de planches et dessins et certains ouvrages de la série J, tels que Ch. Blanc, Havard, Jacquemart *et ceux que le Conseil désignera au Bibliothécaire.*

Observations.

Pour rendre le catalogue plus méthodique et pour faciliter aux lecteurs la recherche des volumes qui leur conviennent, les ouvrages ont été groupés dans chaque série par ordre de matières d'une façon plus précise.

Sur les rayons de la Bibliothèque, les volumes sont rangés, pour chacune des séries, par ordre alphabétique des noms d'auteurs, sans distinction des subdivisions de série.

Enfin les noms de tous les auteurs sont réunis dans une table qui leur permet de savoir de suite si un auteur figure dans la Bibliothèque, quels sont ses ouvrages, où les trouver, notamment s'ils sont répartis dans plusieurs séries.

Les sociétaires qui perdront le présent catalogue pourront s'en procurer un autre exemplaire moyennant 50 centimes.

CATALOGUE

SÉRIE A

MATHÉMATIQUES

Arithmétique.

		vol.
Boucharlat	Calcul différentiel et calcul intégral	1
Briot	Leçons nouvelles d'arithmétique	1
Delaunay	Mécanique rationnelle	1
Desgranges	Arithmétique commerciale et pratique	1
F. P. B.	Traité d'arithmétique	1
Guillemin	Cours complet d'arithmétique	1
Hœfer	Histoire des mathématiques	1
Mauduit	Précis d'arithmétique	1
Paul (de)	Arithmétique élémentaire	1
Tarnier	Arithmétique	1
Tombeck	Arithmétique	1

Algèbre.

Bertrand (J.)	Traité d'algèbre	1
Bourdon	Eléments d'algèbre	1
Briot	Algèbre	1
Ritt (G.)	Problèmes d'algèbre	1
Schron (Dr)	Logarithmes	1
Tzaut	Exercices et problèmes d'algèbre	1
—	— — (réponses)	1
Vacquant	Leçons d'algèbre	1

Géométrie, Trigonométrie, Arpentage, Dessin linéaire, Perspective.

Amiot	Eléments de géométrie	1
—	Solutions et problèmes de géométrie	1
—	Applications de la géométrie élémentaire	1
—	Leçons nouvelles de géométrie decriptive (texte et planches)	1

		vol.
Briot et Bouquet. . .	Géométrie analytique.	1
—	Complément de géométrie analytique.	1
—	Leçons de trigonométrie.	1
Briot et Vacquant. .	Arpentage..	1
Comberousse et Rouché	Traité de géométrie.	1
Dalsème..	Eléments de takymétrie..	1
Delisle et Gérono. . .	Eléments de trigonométrie.	1
—	Géométrie analytique.	1
Gérono et Cassanac. .	Eléments de géométrie descriptive. . .	1
Goursaud..	Cubage et estimation des bois.	1
Guy.	Guide du géomètre arpenteur.	1
Klæs	Géométrie descriptive (texte).	2
—	— (planches). . . .	2
Legendre.	Eléments de géométrie.	1
—	*Le même*..	1
—	Géométrie.	1
Mœsssard	Topographie et géodésie.	1
Pellegrin	Guide pratique de la perspective. . . .	1
Saint-Loup.	Géométrie plane.	1
Vacquant.	Trigonométrie..	2

Astronomie.

Arago (F.).	Astronomie populaire.	4
Bertrand (J.)..	Les fondateurs de l'astronomie moderne	1
Divers.	Annuaire du bureau des longitudes (1882)..	1
Flammarion (C.). . . .	Petite astronomie descriptive.	1
—	Les mondes imaginaires.	1
—	Les terres du ciel.	1
—	Astronomie populaire..	1
—	Les étoiles et les curiosités du ciel. .	1
—	Histoire du ciel.	1
—	Les merveilles célestes.	1
—	La pluralité des mondes habités. . . .	1
—	Vie de Copernic.	1
Fonvielle (W. de). . .	L'astronomie moderne..	1
Guillemin..	Le soleil.	1
Hœfer	Histoire de l'astronomie.	1
Porchon	Eléments de cosmographie.	1
Tissot (A.).	Cosmographie.	1

SÉRIE B

PHYSIQUE. — CHIMIE

Physique.

Baille	L'électricité.	1
Bouant.	Les merveilles du feu.	1
Cazin (A.)	La chaleur.	1
—	L'étincelle électrique.	1
Drion et Fernet. . . .	Physique.	1

		vol.
Fabre (J.-H.)	Physique	2
Fernet	Cours de physique	1
Focillon	Physique	1
Ganot	Traité élémentaire de physique	1
—	Physique	1
Guillemin	La lumière et les couleurs	1
—	Le son	1
Hœfer	Histoire de la physique et de la chimie	1
Langlebert	Physique	1
Moitessier	La lumière	1
Morand	Introduction à l'étude des sciences physiques	1
Radau	Le magnétisme	1

Chimie.

Cahours et Riche	Chimie des demoiselles	1
Debray	Chimie	2
Desmarest	Précis de chimie	1
Desprez	Eléments de chimie	2
Guilloud	Chimie appliquée aux arts et métiers	2
Lamarck	Chimie et physique	1
Langlebert	Chimie	1
Malaguti et Fabre	Chimie	2
Martin	Lettres à Sophie sur la chimie et la physique	2
Pelouse et Frémy	Chimie inorganique	4
—	Chimie organique	2
—	Chimie (table)	1
Riche	Leçons de chimie	2
Troost	Chimie	1
Violette	Manipulations chimiques	1

Physique du globe, Météorologie.

Bouant	L'eau	1
Fonvielle (W. de)	La prévision du temps	1
—	Eclairs et tonnerres	1
Houzeau	Météorologie	1
Laurencin	La pluie et le beau temps	1
Lévy (A.)	Histoire de l'air	1
Moitessier	L'air	1
Marié-Davy	Météorologie	1
Reclus (Elisée)	La Terre I. Les continents. II. L'océan, l'atmosphère et la vie.	2
—	Les phénomènes terrestres	2
—	*Le même*	1
Tissandier (G.)	L'océan aérien	1
Tyndall	Les glaciers et les transformations de l'eau	1
Vaulabelle (A. de)	Physique du globe	1
Zurcher et Margollé	Les tempêtes	1

SÉRIE C

HISTOIRE NATURELLE. — ZOOLOGIE. — BOTANIQUE MINÉRALOGIE. — GÉOLOGIE

Histoire naturelle.

		vol.
BERT (P.)	Anatomie et physiologie animales	1
BUFFON	Histoire naturelle	6
CHERVILLE	L'histoire naturelle en action	1
CORTAMBERT	Les trois règnes de la nature	1
DEHERRYPON	La marchande de poissons	1
HÉMENT (F.)	Histoire naturelle	1
—	Les infiniment petits	1
JOUAN	Chasse et pêche des animaux marins	1
LANDRIN	Les monstres marins	1
PLINE (le naturaliste)	Histoire naturelle	2
QUATREFAGES (De)	Souvenirs d'un naturaliste	1
TARADE (E. de)	Eléments d'anatomie et de physiologie	1
TEULIÈRES (P.)	Histoire naturelle	1
TISSANDIER (G.)	Les fossiles	1
VOGL	Les aliments	1
ZABOROWSKI	Les mondes disparus	1

Zoologie.

ANONYME	Les papillons de France	1
BERT (P.)	Leçons de zoologie	1
BLANCHÈRE (de la)	Les ravageurs des vergers et des vignes	1
—	Manuel pratique d'acclimatation	1
BRÉVANS (de)	La migration des oiseaux	1
CANDÈZE	La Gileppe	1
—	Histoire d'un Grillon	1
DEMOULIN	Les animaux étranges	1
FRARIÈRE	Les abeilles	1
GÉRARDIN	Les bêtes	1
GERVAIS	Zoologie	1
GIRARD (M.)	Les métamorphoses des insectes	1
—	*Le même*	1
LUBBOCK	Fourmis, abeilles et guêpes	2
MENAULT	L'amour maternel chez les animaux	1
—	L'intelligence des animaux	1
MILNE-EDWARDS	Zoologie	1
RENDU	Mœurs des insectes	1
TOUSSENEL	Le monde des oiseaux	3
—	L'esprit des bêtes	1
—	*Le même*	1
WOOD	Nids, tanières et terriers	1

Botanique.

BAILLON	Cours de botanique	1
BOCQUILLON	La vie des plantes	1
—	*Le même*	1

		vol.
GIRARD.	Les plantes au microscope	1
GRIMARD	La goutte de sève.	1
—	La plante.	1
—	Manuel de l'herboriseur	1
HŒFER.	Histoire de la botanique	1
JUSSIEU (de)	Botanique	1
LESBAZEILLES.	Les forêts	1
MUTEL	La flore du Dauphiné.	1
RAWTON (de).	Les plantes qui guérissent et les plantes qui tuent.	1
RICHARD.	Eléments de botanique et de physiologie végétale.	1
SAPORTA (Comte de) . .	Le monde des plantes avant l'apparition de l'homme.	1

Minéralogie. — Géologie.

BEUDANT	Minéralogie	1
CUVIER	Discours sur les révolutions du globe .	1
KOBELL (de).	Les minéraux	1
MEUNIER (S.).	La terre végétale.	1
—	L'écorce terrestre.	1

SÉRIE D

HISTOIRE NATURELLE DE L'HOMME

Anthropologie. — Médecine. — Hygiène. — Ethnographie. Systèmes scientifiques contemporains.

BEAUGRAND.	Médecine et pharmacie domestiques. .	1
BERTILLON	Les races sauvages.	1
BOTTEY (Dr F.)	Le magnétisme animal.	1
BOUCHARDAT	Le travail, son influence sur la santé .	1
BOUILLIER	Du plaisir et de la douleur.	1
BOURNEVILLE.	Manuel de la garde-malade et de l'infirmière	1
CHOMET (Dr H.).	Influence de la musique sur la santé et sur la maladie.	1
CORVISART	Hygiène de la jeune fille	1
CRUVEILHER.	Hygiène générale.	1
DANRIO.	Recherches sur les causes physiques de nos sept sensations	1
DARWIN	L'origine des espèces.	1
DEMOULIN	Les cinq sens	1
DONNÉ	Les nouveau-nés.	1
DUPASQUIER	Le médecin.	1
FERRIÈRE.	Le Darwinisme.	1
FIGUIER (L.)	Connais-toi toi-même	1
FLOURENS (P.)	De la longévité humaine.	1
FOISSAC.	Les trois fléaux.	1
FONSSAGRIVES	L'hygiène.	1
—	La maison	1
—	Education physique des garçons. . . .	1

		vol.
FONSSAGRIVES.	Education physique des filles	1
GANNAL.	Mort réelle et apparente.	1
GARNIER (E.).	Les nains et les géants	1
GEORGE (H.)	Traité d'hygiène	1
GIRARD DE RIALLE. . .	Nos ancêtres.	1
GRATIOLET	De la physionomie.	1
HOVELACQUE	L'homme primitif contemporain. . . .	1
JOURDAN	Les logements insalubres	1
LANDOLT (Dr).	Manuel d'ophthalmoscopie.	1
LANESSAN (de)	Le transformisme.	1
LANOYE (de).	L'homme sauvage	1
LELUT.	Rejet de l'organologie phrénologique de Gall.	1
LEMOINE.	L'habitude et l'instinct.	1
LE PILEUR.	Le corps humain	1
LUBBOCK	L'homme préhistorique.	1
LUYS	Le cerveau.	1
MARVAUD (Angel) . . .	L'alcool.	1
—	Etudes sur les casernes et les camps permanents.	1
MOILIN (Tony)	Leçons de médecine	1
MORTILLET (de).	Le préhistorique.	1
OMALIUS D'HALLOYE (Dr)	Manuel d'ethnographie.	1
ONIMUS (Dr)	Guide de l'électrothérapie	1
PERRIER	La philosophie zoologique avant Darwin	1
QUATREFAGES (de) . . .	Charles Darwin et ses précurseurs français	1
—	L'espèce humaine	1
RASPAIL (F.-V.).	Appel contre les empoisonnements industriels.	1
—	Manuel de la santé.	1
ROUSSEL	Système de la femme.	1
TOPINARD.	L'anthropologie	1

SÉRIE E

OUVRAGES ENCYCLOPÉDIQUES

Dictionnaires.

ALQ (L. d').	Le savoir-vivre	1
ANONYME.	Encyclopédie à l'usage des bibliothèques scolaires	2
—	Annuaire encyclopédique 1868	1
—	Table de l'encyclopédie du XIXe siècle.	1
—	Dictionnaire historique.	3
BELLENGER.	Guide de conversation franco-anglais .	1
BOUILLET.	Dictionnaire d'histoire et de géographie.	1
—	Dictionnaire des sciences, des lettres et des arts	2
BRACHET (A).	Dictionnaire étymologique	1
CASSEL	Dictionnaire français-anglais.	1
CHARTON (E.).	Dictionnaire des professions.	1
—	*Le même*	1

		vol.
Cocheris	Noms de lieux	1
Costero et Lefebvre	Dictionnaire italien français	1
Delacroix	Dictionnaire historique d'éducation	2
Dietz	Dictionnaire allemand français	1
Divers	Un million de faits	1
—	Dictionnaire de la conversation	21
Dubois	Ecole des cuisinières	1
Dupiney de Vorepierre	Dictionnaire français et encyclopédie universelle	2
Fonseca (José da)	Dictionnaire français portugais	1
Hocquard	Dictionnaire de la langue française	1
Laveaux	Dictionnaire des difficultés littéraires et grammaticales	1
Littré (E.)	Dictionnaire de la langue française	4
—	— — (supplément)	1
Littré et Beaujan	Dictionnaire de la langue française	1
—	*Le même*	1
—	Petit dictionnaire universel	1
—	*Le même*	1
Littré et Ch. Robin	Dictionnaire de médecine	1
Mesangère (De la)	Dictionnaire des proverbes français	1
Noel	Dictionnaire historique des personnages célèbres de l'antiquité	1
Odolant-Desnos (J.)	Industrie et commerce	1
Peignot (L. G.)	Dictionnaire historique et bibliographique	4
Richard	L'art de former une bibliothèque	1
Reiff (Ch.)	Dictionnaire anglais, français, allemand et russe	2
Roquette (J.)	Dictionnaire portugais-français	1
Sabbathier	Dictionnaire des auteurs classiques grecs et latins	34
Salva (V.)	Dictionnaire français-espagnol	1
Smith	Dictionnaire anglais-français	1
Sommer (E.)	Dictionnaire des synonymes français	1
—	Lexique français-latin	1
—	Dictionnaire des Rimes	1
Taboada (N. de)	Dictionnaire espagnol français	2
Uccellini (De P.)	Dictionnaire italien	1
Vapereau	Dictionnaire des contemporains (1870)	1
—	— — (1880)	1
Wailly (de)	Dictionnaire français-latin	1
—	Dictionnaire latin-français	1

Revues.

Divers	L'illustration 1843 à 1859	17
—	Magasin des demoiselles 1845 à 1863	19
—	Le magasin pittoresque	27
—	Le magasin universel	6
—	Revue des Deux Mondes 1854 à 1883	360
—	— — (Table 1831 à 1874)	1
—	La nouvelle Revue (octobre 1879 à décembre 1884)	63

		vol.
DIVERS	Le drapeau (1882 à 1884)	5
—	Le timbre-poste	2
—	La gazette des timbres	1
—	L'ami des timbres	1
—	Le livre : Bibliographie rétrospective (1880 à 1884)	5
—	Le livre : Bibliographie moderne (1880 à 1884)	5
—	Journal pour tous	21
VAPEREAU	L'année littéraire et dramatique (1868)	1

Annuaires. Comptes-rendus.

ANONYME	Statistique de la France 1883. Recensement de 1881	1
—	Annuaire statistique de la France 1882	1
—	Conseil général du département de la Seine 1876	2
—	*Le même*	2
—	Conseil général du département de la Seine 1879	1
—	Inventaire des œuvres d'art de la ville de Paris (édifices religieux)	1
—	Inventaire des œuvres d'art de la ville de Paris (édifices civils)	1
—	Le monde maçonnique	1
—	Constitution de l'ordre maçonnique de France	1
—	Le palais de l'industrie	1
—	Exposition de la ville de Paris 1878	1
DIDOT-BOTTIN	Annuaire du commerce 1805	2
—	— — 1875	1
—	— — 1878	1
—	— — 1879	1
DIVERS	Les fastes criminels de 1848	2
—	Rapport du jury central 1844	3
—	Rapport sur l'exposition de 1855	1
—	Rapport du jury sur l'exposition de 1855	2
—	Rapport sur l'exposition de 1867	1
—	*Le même*	1
—	Rapport du jury sur l'exposition de 1867	13
—	Rapport sur l'exposition de 1867 (10e groupe	1
—	Rapport sur l'exposition de Vienne 1873 (Angers, Angoulême, Nancy)	1
	Rapport sur l'exposition de Vienne 1873 (Lyon)	1
—	Rapport sur l'exposition de Vienne 1873 (Paris)	4
	Rapport d'ensemble	1
	Tableau général des propriétés de l'Etat	2
FAVRE (F.)	Documents maçonniques	1

		vol.
MACÉ (Jean)	Bulletin de la ligue de l'enseignement, de 1868 à 1871	1
RONDOT (Natalis)	Rapport sur les objets de parure à l'exposition de Londres	1
SAINT-EDME (de)	Causes célèbres	13
TARTARET (E.)	Commission ouvrière de 1867	2

SÉRIE F

PHILOSOPHIE. — MORALE

ACOLLAS (E.)	L'enfant né hors mariage	1
ALAUX	La métaphysique considérée comme science	1
ANONYME	Religion St-Simonienne	1
ARISTOTE	Œuvres	2
ARNAUD (de l'Ariège)	La Révolution et l'Église	2
ASTRUC	Le Judaïsme	1
BARROT (Odysse)	Lettres sur la philosophie de l'histoire	1
BERSOT (E.)	Libre philosophie	1
BERT (Paul)	La morale des Jésuites	1
BRISBARRE	Précis de philosophie	1
BURNOUF	La science des religions	1
CABANIS	Œuvres	5
CABET	Voyages en Icarie	1
CANTAGREL	Le fou du Palais-Royal	1
CARO (E.)	Le Matérialisme et la Science	1
CHALLEMEL-LACOUR	La Philosophie individualiste (études sur Humbold)	1
—	La Philosophie individualiste	1
CLAVEL (Dr)	La Morale positive	1
COIGNET (E)	La Morale indépendante	1
COQUEREL Fils	Premières transformations du Christianisme	1
COUSIN (Victor)	Fragments littéraires	1
—	Histoire générale de la philosophie	1
CUVIER (Ch.)	Cours d'études historiques	5
DARLU (P.-L.)	Philosophie	1
DAUBIÉ (J.-V.)	L'Emancipation de la femme	1
DEPASSE (H.)	Le Cléricalisme	1
DESCARTES	Œuvres choisies	1
DESCARTES-ANDRIEU (J.)	Discours sur la méthode. Philosophie et Morale	1
DESOUCHES (Ch.)	Etudes élémentaires politiques, sociales et philosophiques	1
DIVERS	La Philosophie positive (1877 à 1883)	14
DRAPPER (J.-W.)	Les Conflits de la science et de la religion	1
FAIVRE (E.)	La Variabilité des espèces	1
FÉNELON	Pensées	1
—	L'Existence de Dieu	1
FLAMMARION (C.)	Dieu dans la Nature	1
FLAUBERT (G.)	La Tentation de Saint-Antoine	1

		vol.
FOURIER (Ch.)	Théorie des 4 mouvements	1
GASPARIN (de)	Pensées de liberté	1
—	Pensées de vérité	1
—	Paroles de vérité	1
—	Le bon vieux temps	1
—	L'Egalité	1
—	L'Amérique devant l'Europe	1
—	La Famille	2
—	La Conscience	1
	La France	2
—	Le Doute et la Foi	1
—	La Liberté morale	2
	Le Bonheur	1
—	L'ennemi de la famille	1
—	Luther	1
—	Innocent III	1
—	Les droits du cœur	1
—	La Bible	2
—	Les perspectives du temps présent	1
—	Les horizons célestes	1
GRÉGOIRE (M.)	Histoire des sectes religieuses	5
GUICHARD (Victor)	La Liberté de penser	1
HÆCKEL	La Théorie de l'évolution en Allemagne	1
—	Les preuves du Transformisme	1
HARTMOUN (de)	La Religion de l'avenir	1
HUBER (J.)	Les Jésuites	1
JANET (P.)	Le Matérialisme contemporain	1
—	Philosophie de la Révolution française	1
JOLY (H.)	L'Imagination	1
JOURDAIN	Logique de Port-Royal	1
LAMENNAIS	Paroles d'un croyant	1
—	Le Livre du peuple	1
—	Amschaspands et Darvauds	1
—	Essai sur l'Indifférence	1
LANGEL (A.)	Les problèmes de la vie	1
LE MAISTRE DE SACY	La Sainte Bible	1
—	*Le même*	4
LEROUX (Pierre)	De l'Humanité	2
	Le même	2
LÉVÈQUE (C.)	Le Spiritualisme dans l'art	1
—	*Le même*	1
—	La science de l'invisible	1
—	Les harmonies providentielles	1
LITTRÉ (E.)	Auguste Comte et la philosophie positive	1
MAHOMET	Le Koran	1
MONTAIGNE	Essais	2
MONTALEMBERT	L'Eglise libre dans l'Etat libre	1
MORIN (Frédéric)	Politique et philosophie	1
OSTERVALD	La Bible	1
—	Le Nouveau Testament	1
PARFAIT (P.)	L'arsenal de la dévotion	1
—	La foire aux reliques	1
	Le dossier des pélerinages	1

		vol.
PASCAL	Pensées	1
PAUTHIER	Confucius et Mencius	1
PAYSAN (un)	L'école du sens commun	1
PELLETAN (Eugène)	La Mère	1
PEYRAT (A.)	Etudes historiques et religieuses	1
PLATON	La République	2
POMPERY (de)	La Femme	1
—	La Femme dans l'humanité	1
RÉMUSAT (Ch. de)	Histoire de la philosophie en Angleterre	2
RENAN (E.)	Les Apôtres	1
—	Vie de Jésus	1
—	Jésus	1
REVILLE (A.)	Divinité de Jésus-Christ	1
RIBOT	La psychologie anglaise contemporaine	1
RICHER (L.)	La Femme libre	1
RUCHET	La Science et le Christianisme	1
SAISSET (E.)	Critique et histoire de la philosophie	1
—	L'Ame et la Vie	1
SAUVESTRE (Ch.)	Les Jésuites et les Congrégations	1
SÉGUR (de)	Galerie morale	1
SIMON (Jules)	Le Devoir	1
—	La Liberté de conscience	1
—	La Religion naturelle	1
SMILES (Samuel)	Caractère, Conduite, Persévérance	1
SOURY (Jules)	Essais de critique religieuse	1
SPULLER	Ignace de Loyola et la Compagnie de Jésus	1
STERN (Daniel)	Essai sur la Liberté	1
STUART MILL	Auguste Comte et le Positivisme	1
TAINE (H.)	Les Philosophes classiques du XIVe siècle	1
—	L'Idéalisme anglais (étude sur Carlyle)	1
—	De l'Intelligence	2
TISSANDIER (J.-B.)	Des sciences occultes et du spiritisme	1
TOUBHANS (E.)	Gymnase d'éducation populaire	1
VACHEROT (E.)	La Science et la Conscience	1
VAISSE	Les Droits de la femme	1
VIARDOT (Louis)	La Science et la Conscience	1
—	Libre examen	1
VIENNET (M.)	Promenades philosophiques	1
VOLNEY	Les Ruines	1
WADDINGTON	Dieu et la Conscience	1
WEIL (F.)	Vérités absolues	1

SÉRIE G

HISTOIRE

Histoire générale.

BOSSUET	Discours sur l'histoire universelle	2
BRÉANT	Histoire universelle	4
CAHUN	Les Mercenaires	1

		vol.
CHARAVAY	L'Héroïsme civil	1
—	L'Héroïsme militaire	1
CHEVALLIER (H.)	Précis de l'histoire générale	1
CORTAMBERT	Histoire universelle	1
DIVERS	Le Livre d'or des peuples	2
—	*Le même*	1
DUCOUDRAY (G.)	Histoire contemporaine	1
DUFRAISSE (M.)	Histoire du droit de Guerre et de Paix	1
MURET (Th.)	L'histoire par le théâtre	3
ORSE (l'abbé)	Histoire du Protestantisme	1
PETIT (M.)	Les Sièges célèbres	1
	Le Courage civique	1
RENAUD (A.)	L'Héroïsme	1
RODIER (G.)	Antiquités des races humaines	1

Histoire ancienne.

ANONYME	Beautés de l'histoire romaine	1
	La vie antique : Rome	1
ARRIEU (F.)	Histoire des expéditions d'Alexandre	3
BEULÉ	Auguste, sa famille et ses amis	1
BLÉTERIE (abbé de la)	Vie de l'empereur Julien	1
CÉSAR (Jules)	Commentaires	1
CREVIER	Histoire des empereurs romains	2
DEZOBRY	Rome au siècle d'Auguste	4
DUCOUDRAY et FEILLET	Histoire ancienne, grecque, romaine du moyen-âge	1
DURUY (V.)	Abrégé d'histoire ancienne	1
—	Histoire grecque	1
—	Histoire romaine	1
—	Histoire des Romains	6
FEILLET (A.)	Vie des Romains illustres	1
FLORUS	Histoire romaine	1
FUSTEL DE COULANGES	La Cité antique	1
GUILLEMIN (J.-J.)	Histoire ancienne de l'Orient	1
HÉRODOTE	Récits	1
KLEINE	Histoire ancienne et du moyen-âge	1
MITFORD (W)	Histoire de la Grèce	6
MONTESQUIEU-COMBES	Grandeur et décadence des Romains. La Grèce ancienne	1
PETIT DE JULLEVILLE	Histoire grecque	1
PLUTARQUE	Vie des hommes illustres	4
ROLLIN	Histoire romaine	12
SUÉTONE	Histoire des douze Césars	1
TACITE	Œuvres	2
TALBOT	Histoire romaine	1
TITE-LIVE	Œuvres	6
VELLEIUS PATERCULUS	Histoire grecque et romaine	1
VERTOT (l'abbé)	Révolutions romaines	2

Moyen âge. — Ère moderne. — Divers Etats.

ALFIÉRI (V.)	Mémoires	1
ALLEN	Histoire du Danemarck	2

		vol.
BABEAU.	Le Village sous l'ancien régime	1
—	La Ville sous l'ancien régime.	2
BARBAROUX (O.). . . .	Histoire des Etats-Unis d'Amérique. .	1
BIANCONI	La Question d'Orient.	1
BLANC (Louis).	Lettres sur l'Angleterre.	4
BOISSIER (G.).	La Religion romaine	2
BOURLOTON.	L'Allemagne contemporaine.	1
CASTÉRA.	Histoire de Catherine II.	4
CAVOUR (Cte de). . . .	Lettres	1
CHASSIN (Ch. L.). . . .	La Hongrie.	1
CHAUMEIL DE STELLA et SANTEUL (A. de). . .	Histoire du Portugal.	2
CHEVALET.	Histoire politique et militaire de la Prusse.	1
—	Précis d'histoire moderne et contemporaine.	1
CHEVALIER (E.).	La Marine française et allemande. . . .	1
CLARIN DE LA RIVE. . .	Histoire de la Tunisie.	1
COLAS (L.), OTT (A.). .	Histoire de l'empire Ottoman. L'Asie occidentale et l'Egypte.	1
DEBERLE.	Histoire de l'Amérique du Sud.	1
DIXON (H.).	La Suisse contemporaine.	1
DUBOIS (J. N.).	Pierre-le-Grand.	1
DURUY (V).	Histoire du moyen-âge.	1
—	*Le même*	1
—	Histoire des temps modernes.	1
GUINGUINÉ (P.-L.). . . .	Histoire littéraire de l'Italie.	9
GUIZOT (M.).	Histoire de la République d'Angleterre.	2
—	Washington.	2
—	La Civilisation en Europe	1
HEINRICH.	Geschichte der schweigerischen Eidsgenassenschaft.	1
HENNEGUY.	L'Italie contemporaine.	1
HERBERT BARRY. . . .	La Russie contemporaine.	1
HERVÉ	L'Egypte	1
HIGGINSON	Histoire des Etats-Unis.	1
HUGONNET.	La Grèce nouvelle.	1
HUME.	Histoire d'Angleterre.	13
JOUAULT.	Abraham Lincoln.	1
—	George Washington.	1
LAMARTINE.	Histoire de la Turquie.	8
LANFREY (P.).	Histoire politique des Papes.	1
LEDRU-ROLLIN	La Décadence de l'Angleterre	2
LÉGER (L.).	Histoire de l'Autriche-Hongrie.	1
LESURE.	Histoire des Cosaques.	2
MARBEAU.	Slaves et Teutons.	1
MARTIN (H.).	Daniel Manin.	1
MICHAUD	Histoire des Croisades.	4
MICHELET.	La Pologne martyre.	1
MICKIEWICZ.	Histoire de la Pologne.	1
MIGNET.	Vie de Franklin.	1
MONTANELLI (J.). . . .	Mémoires sur l'Italie.	1
MONTÉGUT (E.).	Les Pay-Bas.	1
OTT (A.).	L'Asie occidentale et l'Egypte.	1

		vol.
Perrens	Jérôme Savonarole	1
Rabbe	Histoire du Portugal	1
Raffy (C.)	Lectures d'histoire contemporaine	1
Regnard	L'Angleterre contemporaine	1
Robertson (G.)	Histoire d'Ecosse	3
Rolland (Ch.)	Histoire de la maison d'Autriche	1
Roy	L'an Mille	1
Saavedra (don A. de)	Insurrection de Naples en 1647	2
Stolberg	Vie d'Alfred le Grand	1
Teste (L.)	L'Espagne contemporaine	1
—	*Le même*	1
Thierry (A.)	Conquête de l'Angleterre par les Normands	4
Valentin (F.)	Les Croisades	1
Véron (E.)	Histoire de la Prusse	1
Vertot (l'abbé)	Révolutions de Suède	1
Villemain (M.)	Histoire de Grégoire VII	2
Voltaire	Histoire de Charles XII	1
—	*Le même*	1
—	*Le même*	1
—	Histoire de Russie	1
—	Annales de l'Empire	2
—	Histoire du Parlement	1
Zeuler (J.)	Les Tribuns et les Révolutions en Italie	1

Histoire de France.

Andlau (d')	Metz (campagne, négociations)	1
Anonyme	Conquête d'Alger	1
—	Histoire critique du Siège de Paris	1
—	La Ligue d'Alsace	1
—	*Le même*	1
—	Procès du Maréchal Bazaine	1
—	Mémoires de Tous	4
—	La Satire Ménippée	1
—	Gambetta	1
—	Papiers et Correspondance de la famille Impériale	2
—	Victoires et conquêtes des Français, 1792-1815	15
Anquetil	Histoire de France	6
—	*Le même*	15
—	Louis XIV, sa cour et le Régent	2
Arago (E.)	L'Hôtel-de-Ville au 4 Septembre	1
Babon (H.)	Les prisonniers du 2 Décembre	1
Bachaumont	Mémoires secrets	1
Bailly (Jean-Sylvain)	Mémoires	3
Barante (de)	Les Ducs de Bourgogne	12
—	Jeanne d'Arc	1
Barbou (Alfred)	Les trois Républiques françaises	1
—	Les Généraux de la République	1
Barthélemy et Méry	Napoléon en Egypte	1
Baudrimont	Histoire des Basques	1
Beaussire	La Guerre étrangère et la Guerre civile	1

		vol.
BELÈZE (G.)	Histoire de France	1
BELLEVAL (de)	La Panoplie du XVe au XVIIIe siècle	1
BERNARD (F.)	Les Fêtes célèbres	1
BERTRAND (le Maréchal)	Mémoires de Napoléon à Sainte-Hélène	1
BLANC (Louis),	Histoire de la Révolution française	13
—	Histoire de Dix ans	5
—	Histoire de la Révolution de 1848	2
—	Une page d'histoire	1
BOERT	La Guerre 1870-1871	1
BONDOIS	Histoire des institutions et mœurs de la France	1
BONNEFOY (M.)	Histoire du bon vieux temps	1
BORDIER et CHARTON	Histoire de France	2
BORDONE	Garibaldi et l'armée des Vosges	1
BOUILLÉ (marquis de)	Mémoires	1
BUCHEZ	Formation de la Nationalité française	1
BUCHEZ et ROUX	Histoire parlementaire de la Révolution	40
CAMPAN (Mme)	Mémoires sur la vie de Marie-Antoinette	1
CANIVET	Les Colonies perdues	1
CAPEFIGUE	Histoire de la Restauration	3
CARNOT	Mémoires	2
CAYLUS (M^{ise} de)	Souvenirs	1
CAYX	Précis de l'histoire de France	1
CAYX et POIRSON	Histoire de France	1
CHALLEMEL (A.),	Les Revenants de la place de Grève	1
CHANZY	La deuxième armée de la Loire	1
CHARRAS	Guerre de 1813 en Allemagne	1
CHASSIN	L'Eglise et les derniers serfs	1
CHATEAUBRIAND	Mémoires sur le duc de Berry	1
CHESLAY	La Convention nationale	1
CHEVALIER (E.)	Histoire de la Marine française	1
CHEVALLIER (H.)	Histoire de France et du moyen-âge	1
—	Cours élémentaire d'histoire de France.	1
CLARETIE (Jules)	Camille Desmoulins	1
—	Histoire de la Révolution 1870-1871	2
—	*Le même*	1
CLERE (J.)	Biographie des Sénateurs	1
—	Biographie des Députés	1
COIGNET	Les cahiers du capitaine Coignet	1
COMBES (L.)	Episodes et curiosités révolutionnaires.	1
—	Marie-Antoinette et l'intrigue du collier	1
CONDILLAC	Œuvres	16
COUSIN (Victor)	La Jeunesse de Madame de Longueville	1
—	Madame de Longueville pendant la Fronde	1
—	La Société française au XVIIe siècle	1
DALSÈME	Paris sous les obus	1
DEDON	Passage de la Limat	1
DEFFANT (Mme du)	Lettres à Horace Walpole	2

		vol.
DELORD (Taxile)	Histoire du second Empire	6
DESCHANEL	Le Peuple et la Bourgeoisie	1
DESPOIS (E.)	Le Vandalisme révolutionnaire.	1
DIVERS	Chroniques et Mémoires de l'histoire de France	2
DUCLOS.	Mémoires.	1
DUCOUDRAY.	Histoire de France	1
DUCOUDRAY et FEILLET.	Simples récits d'histoire de France . .	1
DULAURE (J.-A.). . . .	Histoire de Paris.	5
DUMAS (Alexandre). . .	Gaule et France	1
—	Gaule et France. Jeanne d'Arc.	1
DUMOND	L'Administration et la Propagande prussienne en Alsace.	1
DUQUET.	Frœschwiller. Châlons. Sedan.	1
DURET (Th.)	Histoire de Quatre ans (1870-1873) . .	3
DURUY (V.).	Histoire de France.	2
DUSSIEUX (L.)	Histoire de France.	4
EPINAY (Mme d')	Mémoires.	2
FABRE (J.)	Jeanne d'Arc.	1
—	Procès et Condamnation de Jeanne d'Arc	1
FAIDHERBE	Campagne de l'armée du Nord	1
FAIN (baron)	Manuscrit de 1814	1
FAVRE (Jules)	Gouvernement de la Défense nationale	3
—	Rome et la République française. . . .	1
—	Deux sessions législatives	1
FERRAND (A.-J.) et LAMARQUE (J. de). . . .	Histoire de la Révolution française . .	6
FLÉCHIER.	Les grands jours d'Auvergne.	1
FONTENELLE DE VAUDORÉ (de la)	Olivier de Clisson.	2
FORGE (A. de la)	Les serviteurs de la démocratie	1
FOY (général).	Discours	2
FRARY (R.).	Le Péril national.	1
FREYCINET (Ch. de). . .	La Guerre en Province.	1
—	*Le même*	1
FRICASSE (le sergent). .	Mémoires.	1
FROISSART	Chroniques.	1
—	*Le même*	1
GAMBETTA (L.).	Discours et plaidoyers.	1
GASTYNE (J. de)	Mémoires secrets du Comité central et de la Commune	1
GAUTIER (H.).	Les Français au Tonkin.	1
GIFFARD	Les Français en Egypte	1
GIRARDIN (E. de). . . .	Le Dossier de la Guerre de 1870. . . .	1
GIRARDIN (St-Marc de)..	Rapport sur la chute du second Empire	1
GLAIS-BIZOIN	Dictature de cinq mois.	1
GONCOURT (E. et J. de).	Histoire de la société française pendant la Révolution	1
—	Histoire de la société française pendant le Directoire	1
GOSSELIN.	La Marine normande.	1
GOURNERIE (de la) . . .	Histoire de Paris.	1
GUIZOT	Essais sur l'histoire de France.	1

		vol.
GUIZOT.	La Civilisation en France	4
—	Histoire de mon temps.	8
HAMEL (Ernest).	Les Origines de la Révolution	1
—	Histoire de la Révolution française. . .	1
—	La Révolution française	1
—	Histoire de la République française . .	1
—	Histoire de Robespierre	3
—	Histoire du premier Empire	1
—	Conspiration du général Mallet.	1
—	Histoire du second Empire.	2
HARDOIN DE PÉREFIXE..	Histoire de Henri-le-Grand.	1
—	*Le même*	1
HAURÉAU (B.).	Bernard Délicieux et l'inquisition albigeoise	1
HENDE (Van).	Histoire de Lille	1
HERISSON (d').	Journal d'un officier d'ordonnance. . .	1
HEYLLI (G. d')	Les Tombes royales de Saint-Denis . .	1
HUBAULT et MARGUERIN	Récits d'histoire de France.	1
— —	Les grandes époques de la France . . .	1
IUNG (Th.)	Bonaparte et son temps	3
—	Lucien Bonaparte et ses mémoires. . .	3
—	Dubois Crancé	2
JACOB (bibliophile) . . .	Contes sur l'histoire de France.	1
LABAUME (E.)	Histoire de la chute de l'empire de Napoléon.	2
LACOMBE (P.).	Le Patriotisme.	1
LACROIX (E.).	Infanterie de marine 1870-71.	1
LAGUERRE.	Les Allemands à Bar-le-Duc et dans la Meuse	1
LAMARTINE	Histoire des Girondins	8
—	Histoire des Constituants.	4
—	La France parlementaire.	6
LAMBERT (P.).	Le second Empire	1
LANFREY (P.).	Histoire de Napoléon Ier	5
LAPONNERAYE	Histoire de la Révolution française. . .	3
LAVALLÉE (Th.).	Histoire des Français.	6
LAYA (A.)	Etudes historiques sur M. Thiers . . .	2
—	*Le même*	2
LEBRUN (général). . . .	Bazeilles-Sedan.	1
LEDRU-ROLLIN	Discours politiques et écrits divers . .	2
LE FAURE (A.)	La Guerre de 1870-1871	2
LEGOUVÉ	Sully	1
LEVASSEUR (R.)	Mémoires.	4
LHOMME	Les Chants nationaux.	1
LONGUET et LATUDE . .	Mémoires.	1
LITTRÉ (E.).	Le génie militaire de Bonaparte. . . .	1
LOCKROY (E.).	L'île révoltée.	1
—	Journal d'une bourgeoise pendant la Révolution.	1
LOUSTALOT et C. DESMOULINS	Révolutions de Paris.	1
MABLY (abbé de). . . .	Œuvres.	15
MAILLARD (F.)	Documents officiels publiés sous la Commune.	1

		vol.
MAILLARD (F.)	Histoire des Journaux pendant le Siège de Paris.	1
MARAIS.	Garibaldi et l'armée des Vosges. . . .	1
—	*Le même*	1
MARCHAND (A.)	Le Siège de Strasbourg en 1870	1
MARTIN (H.)	Histoire de France populaire.	4
—	Histoire de France.	19
—	Histoire de France contemporaine. . .	6
—	Jeanne d'Arc.	1
MENNECHET.	Histoire de France.	4
MÉRIMÉE (P.).	Lettres à M. Panizzi.	2
MÉZIÈRES.	Récits de l'Invasion.	1
MICHEL (G.).	Histoire de Vauban	1
MICHELET (J.).	Histoire de France..	17
—	Précis de l'histoire moderne	1
—	Richelieu et la Fronde.	1
—	Louis XIV et la révocation de l'édit de Nantes.	1
—	Histoire de la Révolution française . .	6
—	Précis de la Révolution	1
—	Les Soldats de la Révolution.	1
—	Les Femmes de la Révolution	1
—	*Le même*	1
—	Histoire du XIXe siècle	3
MIGNET.	Etudes historiques	1
—	Portraits et notices.	2
—	Histoire de la Révolution française . .	2
MONNIER (F.).	Vercingétorix.	1
MONTLUC (B. de). . . .	Commentaires..	1
MONTZEY (C. de). . . .	Institutions d'éducation militaire jusqu'en 1789.	2
MOREAU DE JONNÉS. . .	Guerres de la République et du Consulat.	2
MORIN (F.) — PELLETAN (E.)	La France au moyen-âge. — Décadence de la Monarchie française. . . .	1
MOTTEVILLE (Mme de).	Mémoires.	4
MULLIÉ (M. C.).	Biographies des célébrités militaires. .	2
NAPOLÉON Ier.	Turenne..	1
—	Campagne de 1815.	1
NAUROY (Ch.).	Le Secret des Bourbons	1
PELLETAN (C..).	La Semaine de mai.	1
—	Questions d'histoire..	1
PERRENS (F.-T.). . . .	Etienne Marcel.	1
PEYRAT.	Histoire et Religion.	1
PIEROTTI (D[r]).	Siège de Paris..	1
POIRSON..	Précis de l'histoire de France..	1
POULLET (Colonel). . .	Le général Cremer.	1
PRÉSEAU	Grandes Figures nationales	2
QUINET (Edgar).. . . .	Histoire de la Révolution française . .	2
—	La Révolution	3
—	Histoire de la Campagne de 1815. . . .	1
—	Le Siège de Paris.	1
RAFFY (C.).	Lectures d'histoire moderne, France, moyen-âge.	1

		vol.
RAMBAUD	Moscou et Sébastopol	1
—	L'Allemagne sous Napoléon Ier	1
—	Les Français sur le Rhin	1
RANC (A.)	Sous l'Empire	1
—	De Bordeaux à Versailles	1
RAOUL (Maximilien)	Histoire pittoresque du Mont Saint-Michel	1
RASPAIL (X.)	Relation de la Guerre en Normandie 1870-71	1
REGNAULT (E.)	Histoire de huit ans	3
REMUSAT (Mme de)	Mémoires	3
RETZ (Card. de)	Mémoires	4
RITTIEZ	Histoire de Louis-Philippe	3
—	Histoire du Gouvernement provisoire de 1848	2
—	*Le même*	2
ROBERT (A.)	Statistique du 2 Décembre 1851	1
ROCHAU (de)	Histoire de la Restauration	1
ROTHAN	L'Affaire du Luxembourg 1870	1
—	L'Allemagne et l'Italie 1870-1871	1
ROUX DE ROCHELLE	Histoire du régiment de Champagne	1
SAINT-GERMAIN (T. de)	La Guerre de sept mois	1
SAINT-SIMON	Mémoires	13
—	*Le même*	20
SARCEY (F.)	Le Siège de Paris	1
SAVAGNER (A.)	Histoire de France 1787-1799	1
SAVARY (M.)	Rapport sur l'élection de la Nièvre	2
SIEBECKER	Les grands jours de l'Alsace	1
SIEYES	Le Tiers-Etat	1
SIMON (Jules)	Souvenirs du 4 Septembre	1
STERN (Daniel)	Histoire de la Révolution de 1848	3
—	*Le même*	3
SUE (Eugène)	Histoire de la Marine française	4
TALLEMANT DES REAUX	Mémoires	6
TANC (M. X.)	La Guerre d'Orient en 1854	1
TÉNOT (C.)	Paris en Décembre 1851	1
—	La Province en Décembre 1851	1
THIBAUDEAU	Mémoires sur le Consulat	1
—	Mémoires sur la Convention	1
—	Mémoires sur la Révolution	1
THIERRY (A.)	Histoire des Gaulois	2
—	Récits des temps Mérovingiens	2
—	Essai sur l'histoire du Tiers-État	1
THIERS	Histoire de la Révolution	2
—	Histoire du Consulat	1
—	Histoire de l'Empire	4
VALORI (de)	Jeunesse militaire de Henri IV	1
VALLET DE VIRIVILLE	Chroniques de la pucelle	1
VANDER BURCH	Histoire militaire des Français	1
VAULABELLE (A. de)	Histoire des deux Restaurations	8
VERMOREL (A.)	Œuvres de Robespierre	1
—	Œuvres de Vergniaud	1
—	Œuvres de Danton	1
—	Les Hommes de 1848	1

		vol.
VERMOREL	Les Hommes de 1851.	1
VILLAUMÉ.	Jeanne d'Arc.	1
VINCENS.	François de la Noue.	1
VOLONTAIRE (Un). . . .	L'Armée de Bretagne	1
VOLTAIRE.	Siècle de Louis XIV.	3
—	Siècle de Louis XV.	2
WITT (Mme de). . . .	Scènes historiques.	1

SÉRIE H

GÉOGRAPHIE. — VOYAGE

Géographie.

ALLARD (Dr C.).	Les Échelles du Levant.	1
ANONYME.	Cours classique de géographie.	1
—	Atlas de géographie moderne	1
BABINET	Cours de géographie	2
—	Atlas	3
BAINIER (P.-F.)	Géographie	2
BALBI (A.)	Géographie générale	1
BARBERET et PÉRIGOT. .	Atlas	2
BEAUVOIR (de)	Australie	1
—	Java, Siam, Canton	1
BLERZY	Les Colonies anglaises	1
BONNEFONT (L.)	Tableau géographique	1
BORDIER	La Colonisation et les Colonies.	1
BOURNET	Venise.	1
BRACHET	L'Italie	1
BRAINNE	Nouvelle Calédonie.	1
CORTAMBERT	Atlas de géographie	1
—	Géographie élémentaire	2
—	Description de l'Europe.	1
DENAIX	Géographie de la France	1
DIVERS	Carte des départements.	1
DUPUIS (J.)	La Conquète du Tong-Kin.	1
DURIER	Le Mont-Blanc.	1
DUSSIEUX	Atlas de géographie	1
—	Géographie.	1
DUVAL (G.)	Notre Pays	1
—	Notre Planète.	1
—	*Le même*.	1
FONCIN (P.).	Géographie	1
FONTPERTUIS.	Chine, Japon, Siam et Cambodge . . .	1
HUE et HAURIGOT. . . .	Nos petites Colonies	1
LANOYE (de)	L'Inde contemporaine	1
LA SELVE (E.)	Le pays des nègres	1
LAVALLÉE (Th.)	Géographie historique, physique et militaire	1
—	La Chine contemporaine	1
LE BAS	Allemagne	2
—	Confédération germanique	1
LÉLU	En Algérie	1
LEVASSEUR	Géographie de la France.	1

		vol.
LEVASSEUR	La France et ses Colonies	1
—	*Le même*	1
—	Premières notions de géographie	1
MACKENZIE WALLACE	La Russie	2
MANUEL et ALVARÈS	La France	4
MARIN de la NESLÉE	L'Australie nouvelle	1
NIEL (O.)	Géographie de l'Algérie	1
NIOX	Géographie militaire (France)	1
—	— — (Europe centrale).	1
PAUTHIER (G.)	La Chine	1
—	La Chine moderne	1
PÉRIGOT	Géographie physique et politique de l'Europe	1
PICHOT (A.)	Les Mormons	1
PIGEONNEAU	Géographie	1
—	Géographie commerciale	1
RAFFY (C.)	Amérique et Océanie	1
—	Asie et Afrique	1
—	Europe	1
—	France	1
—	Lectures géographiques. Histoire de la géographie	1
RECLUS (Elisée)	Nouvelle géographie universelle	10
	I. Europe méridionale. II. La France. III. Europe centrale. IV. Europe du nord-ouest. V. Europe scandinave et russe. VI. L'Asie russe. VII. L'Asie orientale. VIII. Inde et Indo-Chine. IX. L'Asie antérieure. X. L'Afrique septentrionale.	
RECLUS (Onésime)	La Terre à vol d'oiseau	2
—	De l'Algérie et des Colonies	1
RISTELHUBER	Dictionnaire de l'Alsace	1
ST-MARTIN (de)	L'année géographique	1
SIMONIN	Le monde américain	1
—	Les grands ports de la France	1
SOMMET	Vézélay	1
TALBERT (Em.)	Les Alpes	1
THUREAU	Le Tong-Kin	1
VERNE (Jules)	Géographie de la France	1
VUILLEMIN (A.)	La France (atlas par départements)	1

Voyages.

AGASSIZ (M. et Mme)	Voyage au Brésil	1
—	*Le même*	1
AMICIS	L'Espagne	1
—	La Hollande	1
ARÈNE (J.)	La Chine familière	1
ARTAUD	Italie	1
AUGER (E.)	Voyage en Californie	1
AUNET (Mme d')	Voyage d'une femme au Spitzberg	1

		vol.
BARTHÉLEMY (J.-B.). . .	Voyage du jeune Anacharsis.	7
BERNARD (Mme).	Les Voyages modernes.	2
BLANQUI (M.).	Voyage en Belgique	1
BONNETAIN (P.)	Au Tonkin	1
BOUÏNAIS et PAULUS. . .	La Cochinchine contemporaine.	1
BROSSELARD	Mission Flatters	1
BURTON.	Voyages	1
CAILLOT.	Abrégé des Voyages modernes. . . .	2
CASSAN (M.)	Comment on devient millionnaire . . .	1
CASTILLON (A.).	Le tour du monde	1
—	Scènes et aventures maritimes.	1
CHOPIN	Russie.	2
CLERC (A.)	Voyage au pays du pétrole.	1
COLET (L.)	L'Italie des Italiens.	3
COMETTANT (O.)	Les Civilisations inconnues	1
—	Trois ans aux Etats-Unis	1
CONTY (H.-A. de). . . .	Les bords du Rhin.	1
—	La Suisse circulaire.	1
—	Belgique circulaire.	1
—	Hollande circulaire.	1
—	La Belgique en poche.	1
—	Suisse et grand-duché de Bade	1
—	Une Lune de miel à Spa.	1
—	Les Musées de Paris illustrés.	1
—	Paris en poche	1
—	Une Lune de miel à Trouville.	1
—	Le Havre en poche.	1
—	Alsace et Vosges.	1
—	Les côtes de Bretagne	1
—	Les côtes de Normandie	1
COOK.	Deuxième voyage autour du monde . .	1
—	Troisième voyage autour du monde . .	5
COTTEAU	De Paris au Japon.	1
—	Un Touriste dans l'extrême Orient. . .	1
DAX (Louis de)	Chasses et pêches.	1
DELESCLUZE (Ch.). . . .	De Paris à Cayenne.	1
DENIS (F.)	Les vrais Robinsons	1
DENIS DE RIVOYRE. . .	Obock, Mascate, Bouchire, Bassorah.	1
—	Les vrais Arabes et leur pays.	1
DEPPING.	Le Japon.	1
DESPERCHES.	Histoire des naufrages.	1
DIVERS.	Le tour du monde (1860-1884)	48
DOMENY DE RIENSI. . .	Océanie.	3
DUMAS (Alexandre). . .	Le midi de la France.	2
—	Le Spéronare.	2
—	Le Capitaine Aréna	1
—	*Le même*	1
—	Le Véloce.	2
—	Le Corricolo.	2
—	Une année à Florence	1
—	La villa Palmieri. .	1
—	De Paris à Cadix.	2
—	Les Bords du Rhin.	2
—	Suisse	3

		vol.
DUMAS (Alexandre). . .	Russie	4
—	Caucase.	3
—	Quinze jours au Sinaï	1
—	L'Arabie heureuse	3
DUMONT D'URVILLE. . .	Voyage autour du monde	2
FLAMMARION	Voyages aériens..	1
FORTUNE (R.).	Voyage en Chine.	1
GAFFAREL.	Les Explorations françaises	1
GALIBERT et PELLÉ. . .	Angleterre, Ecosse et Irlande	4
GARNIER (Jules)	La Nouvelle-Calédonie.	1
GARNIER (F.).	De Paris au Tibet.	1
GASPARIN (A.)	A Constantinople.	1
—	Voyage au Levant.	2
GAUTIER (Th.).	Caprices et zigzags.	1
GÉRARD DE NERVAL . .	Voyage en Orient.	2
GESLIN	L'Expédition de la Jeannette	2
GILDER	A la recherche de la Jeannette.	1
GIRARD (capitaine A.) .	Voyage en Abyssinie.	1
GOURDAULT.	La Femme dans tous les pays	1
GUINARD..	Trois ans d'esclavage chez les Patagons	1
HALL (B.).	Scènes de la vie maritime.	1
HASSET (J.).	Belgique et Hollande.	1
HAVARD.	La Hollande pittoresque.	3
	I. Le cœur du pays. II. Les frontières menacées. III. Voyage aux villes mortes.	
HERVÉ et DE LANOYE. .	Voyage au pôle arctique	1
JACOLLIOT (L.)	Voyage au pays des perles.	1
—	Voyage au pays des brahmes	1
—	Voyage au pays des bayadères.	1
—	*Le même*.	1
—	Voyage aux ruines de Golconde	1
—	Voyage au pays des éléphants.	1
—	Voyage au pays des fakirs.	1
—	Second voyage au pays des éléphants .	1
—	Voyage au pays du Hatschisch.	1
—	Voyage au pays des singes.	1
—	Voyage aux pays mystérieux	1
—	Voyage aux rives du Niger.	1
—	Voyage au pays des kangourous . . .	1
JACQUEMONT	Correspondance	2
JENNEST (Ch.)	Quatre années au Congo	1
JOANNE (P.).	Environs de Paris	1
KINGSTON.	Aventures chez les Peaux-Rouges. . .	1
KŒCHLIN-SCHWARTZ . .	Un touriste au Caucase.	1
—	Un touriste en Laponie.	1
KUBALSKI.	Voyage entre la Baltique et la mer Noire.	1
LAHARPE	Voyages	2
—	Abrégé de l'histoire générale des voyages.	24
LANOYE (F. de).	La mer Polaire.	1
—	La Sibérie	1
LARGEAU	Le Sahara algérien.	1

		vol.
LAVALLÉE (J.)	Espagne	2
LAVELEYE	Lettres d'Italie	1
LEBRUN (E.)	L'Afrique centrale	1
—	Voyages du capitaine Cook	1
LEMAY (G.)	A bord de la Junon	1
LEROY (L.)	Les Français à Madagascar	1
LESSEPS (de)	Du Kamtschatka en France	1
LIVINGSTONE (D. et Ch.)	Explorations dans l'Afrique centrale	1
—	*Le même*	1
—	*Le même*	1
—	Dernier Journal	1
MACCARY	Voyage à Madagascar	1
MAGE	Voyage dans le Soudan occidental	1
MALTE-BRUN	Les jeunes voyageurs en France	2
MARKHAM	La mer glacée du Pôle	1
MARLÈS (M. de)	Merveilles de la Nature et de l'Art	2
MARMIER	Voyage en Allemagne	1
MERRUAU	Les convicts en Australie	1
MEUNIER (V.)	Les grandes chasses	1
—	Les grandes pêches	1
MONNIER (M.)	Pompéï	1
MOUHOT (Henri)	Voyage dans le pays de Siam	1
MULLER (E.)	Un Français en Sibérie	1
NARJOUX	En Allemagne	1
NORDENSKIOLD	Voyage au pôle nord	1
PERRON D'ARC (H.)	Aventures d'un voyageur en Australie	1
PÉZANT	Pompéï, Herculanun, Rome et Naples	1
PFEIFFER (Mme Ida)	Voyage autour du monde	1
—	Deuxième voyage autour du monde	1
—	Voyage à Madagascar	1
RADIGUET (M.)	Les derniers sauvages	1
RÉMY	Voyage au pays des Mormons	2
RIVIÈRE (Henri)	Le Cacique	1
—	Souvenirs de la Nouvelle-Calédonie	1
ROCHAS (Victor de)	La Nouvelle-Calédonie	1
ROUX DE ROCHELLE	Villes hanséatiques	1
SANDERVAL (de)	De l'Atlantique au Niger par le Foutah-Djallon	1
SAUGNIER	Voyage au Sénégal	1
SERENA CARLA (Mme)	Seule dans les Steppes	1
SINIBALDO DE MAS	La Chine et les Puissances chrétiennes	2
SMITH	Voyage autour du monde	12
SOLEILLET (P.)	Voyages	1
SPALLANZANI (abbé)	Voyages dans les deux Siciles	6
SPECK et GRANT	Les Sources du Nil	1
STANLEY (H.)	Comment j'ai retrouvé Livingstone	1
—	Voyages	1
—	*Le même*	1
TISSANDIER (G.)	Mes Ascensions	1
VALDAL (Albert)	En Karriole	1
WALLACE RUSSEL	La Malaisie	1

SÉRIE I

LITTÉRATURE

Littérature ancienne.

		vol.
ARISTOPHANE	Œuvres	1
AULU-GELLE	Les Nuits attiques	3
CATULLE-TIBULLE-PROPERCE	Œuvres	1
CICÉRON	Les Philippiques	1
—	Œuvres	2
—	Ouvrage de rhétorique	4
—	Discours	11
—	Lettres	9
—	Ouvrage philosophique	10
CORNÉLIUS NEPOS	Vies des grands Capitaines	1
DÉMOSTHÈNES	Philippiques	1
DIOGÈNE-LAERCE	Philosophes de l'Antiquité	1
ESCHYLE	Théâtre	1
ESOPE-PHÈDRE	Œuvres	1
EURIPIDE	Théâtre	2
HÉRODIEN	Son Histoire	1
HOMÈRE	Iliade	2
—	*Le même*	2
—	Iliade et Odyssée	1
—	Odyssée	2
HORACE	Œuvres	2
ISOCRATE	Œuvres complètes	3
JUVÉNAL-PERSE	Œuvres	1
LONGUS	Daphnis et Chloe	1
LUCRÈCE	Œuvres	2
LYSIAS	Œuvres	1
OVIDE	Les Amours	1
—	Les Héroïdes	1
—	Les Fastes, les Tristes	1
—	Les Métamorphoses	1
—	*Le même*	1
PIERRON	Histoire de la Littérature grecque	1
—	Histoire de la Littérature romaine	1
PINDARE	Les Olympiques	1
PLINE-LE-JEUNE	Les Lettres	3
SALLUSTE	Œuvres	1
SILIUS-ITALICUS	La seconde Guerre Punique	2
SOPHOCLE	Théâtre	2
—	*Le même*	2
STACE	Achilléide et les Sylves	1
TÉRENCE	Les Comédies	3
—	*Le même*	3
THÉOCRITE	Idylles	1
THUCYDIDE-XÉNOPHON	Œuvres	1
VALÈRE (Maxime	Œuvres	2
VIRGILE	Les Géorgiques	1
—	Œuvres	4
XÉNOPHON	Œuvres	1

Littérature étrangère.

		vol.
Aikin et Barbault	Evenings at Home	1
Arioste	Roland furieux	2
Aubigny (d')	Essai sur la Littérature italienne	1
Backer	Sans Remords	1
Barow (G.)	La Bible en Espagne	2
Beaconsfield (Lord)	Endymion	2
Beecher Stowe (H.)	La Case du père Tom	1
—	Dred	2
Biornson (B.)	Arne	1
—	La Fille de la pêcheuse	1
Braddon (Miss)	Henri Dunbar	2
—	Le Capitaine du Vautour	1
—	La Trace du serpent	2
—	Vixen	2
Busch (M.)	Le Comte de Bismarck et sa suite	1
Byron	Œuvres	5
Calderon	Œuvres dramatiques	1
Castella (H. de)	Les Squatters australiens	1
Cervantes	Noveilas	1
—	Don Quichotte	2
—	*Le même*	1
—	*Le même*	1
Collins (Wilkie)	Sans nom	2
—	La Femme en blanc	2
—	Le Secret	1
—	L'Hôtel hanté	1
—	Pauvre Lucile	2
Conscience (H.)	Argent et Noblesse	1
—	Batavia	1
—	Le Conscrit	1
—	Le Coureur des grèves	1
—	Le Démon du jeu	1
—	Les deux Destinées	1
—	Les Drames flamands	1
—	Le Gentilhomme pauvre	1
—	La Guerre des Paysans	1
—	Les Heures du soir	1
—	Histoire de deux Enfants d'ouvriers	1
—	L'Illusion d'une mère	1
—	Le jeune Docteur	1
—	Le Lion de Flandre	2
—	Les Martyrs de l'honneur	1
—	Les Veillées flamandes	1
—	Scènes de la Vie flamande	2
—	Le Tribun de Gand	1
Cooper	Précaution	1
—	L'Espion	1
—	Le Pilote	1
—	Lionel Lincoln	1
—	Le dernier des Mohicans	1
—	Les Pionniers	1
—	La Prairie	1

		vol.
COOPER	Le Corsaire rouge	1
—	Les Puritains d'Amérique	1
—	L'Ecumeur de Mer	1
—	Le Bravo	1
—	L'Heidenmauer	1
—	Le Bourreau de Berne	1
—	Les Monckins	1
—	Le Paquebot	1
—	Eve Effingham	1
—	Le Lac Ontario	1
—	Mercédès de Castille	1
—	Le Tueur de Daims	1
—	Les deux Amiraux	1
—	Le Feu follet	1
—	A Bord et à Terre	1
—	Lucie Hardinge	1
—	Wyandotté	1
—	Satanstoé	1
—	Le Porte-Chaine	1
—	Ravensnest	1
—	Les Lions de Mer	1
—	Le Cratère	1
—	Les Mœurs du jour	1
CORRÉARD	Le Lecteur anglais	1
COXE (Williams)	Lettres sur la Suisse	2
CRAIK (Mrs)	Mildred	1
CUMMINS (Miss)	L'Allumeur de Réverbères	1
—	La Rose du Liban	1
—	Mabel Vaughan	1
CURRER BELL	Jane Eyre	2
—	Le Professeur	1
—	*Le même*	1
—	Shirley et Agnès Grey	2
DANTE	La Divine Comédie	1
—	L'Enfer	1
DICKENS (Charles)	L'Ami commun	2
—	Aventures de Pickwick	2
—	Barnabé Rudge	2
—	Bleak-House	2
—	Contes de Noël	1
—	*Le même*	1
—	David Copperfield	2
—	Dombey et fils	3
—	Les Grandes Espérances	2
—	Le Magasin d'Antiquités	2
—	La petite Dorrit	2
—	Olivier Twist	1
—	Paris et Londres en 1793	1
—	Les Temps difficiles	1
—	Vie et Aventures de Martin Chuzzlewit	2
—	Vie et Aventures de Nicolas Nickleby	2
DISRAELI (B.)	Lothair	2
—	Sybil	2
DOUGLASS	Mes années d'Esclavage et de Liberté	1
EDWARDS	Le Bas-bleu	1

		vol.
EMANUS	Mémoires.	1
ERWIN	La Fiancée de Gilbert	1
EULER	Lettres à une Princesse d'Allemagne .	1
FIELDING	Tom Jones	2
FOE (Daniel de).	Robinson Crusoé.	2
—	*Le même*	1
—	*Le même*	1
FREYTAG	Doit et Avoir.	3
GARIBALDI	La Domination du Moine.	1
GASKELL	Les Amoureux de Sylvia.	1
—	Marie Barton	1
GERSTÆCKER	Les Pirates du Missisipi	1
—	Le Peau-Rouge.	1
—	Les deux Convicts.	1
GODWIN (W.).	Caleb Williams.	2
GŒTHE	Correspondance.	1
—	Faust.	2
—	Hermann et Dorothée.	1
—	Werther.	1
—	*Le même*	1
GOGOL	Tarass Boulba	1
GOLDSMITH	Le Vicaire de Wakefield	1
—	*Le même*	1
GREENVILLE MURRAY. .	Le jeune Brown.	2
HACKLANDER	La Vie militaire en Prusse.	2
—	Le Moment du bonheur.	1
HART (B.).	Flip.	1
HAUFF.	Lichtenstein.	1
HAWTHORNE	La Lettre rouge.	1
—	La Maison aux sept pignons	1
HEINE (Henri).	Drames et Fantaisies	1
—	Poèmes et Légendes	1
—	Satires et Portraits.	1
HILDRETH.	L'Esclave blanc.	1
HOFFMANN	Contes fantastiques.	1
—	*Le même*	1
IMMERMANN.	Les Paysans de Westphalie	1
LESSING.	Fables	1
—	*Le même*	1
LONGFELLOW	Drames et Poésies	1
LOREAU.	Paul Ferrol	1
LUBOMIRSKI.	Fonctionnaires et Boyards	3
	I. Muller.	
	II. Tatiana.	
	III. Schelm.	
LYTTON (Bulwer). . . .	Rienzi.	2
—	Paul Clifford	2
—	Ernest Maltravers	1
—	Les derniers jours de Pompéï	1
MANZONI (A.).	Les Fiancés	1
MAYNE-REID	Les deux Filles de Squatter	1
—	A la Mer.	1
—	Aventures de Terre et de Mer.	2
	I. William le Mousse.	
	II. La Sœur perdue.	

		vol.
Mayne-Reid	Bruin ou les Chasseurs d'ours	1
—	La Chasse au Léviathan	1
—	Le Chasseur de plantes	1
—	Les Chasseurs de chevelures	1
—	Les Chasseurs de girafes	1
—	Le Chef au bracelet d'or	1
—	Le Désert d'eau dans la forêt	1
—	Le Doigt du Destin	1
—	Les Exilés dans la forêt	1
—	A Fond de cale	1
—	Les Grimpeurs de rochers	1
—	L'Habitation du désert	1
—	Les jeunes Boërs	1
—	Les jeunes Esclaves	1
—	La Montagne perdue	1
—	Les Naufragés de l'île Bornéo	1
—	Les Partisans	1
—	Les Peuples étranges	1
—	La Piste de guerre	1
—	Les Planteurs de la Jamaïque	1
—	La Quarteronne	1
—	Les Robinsons de terre ferme	1
—	Le Roi des Séminoles	1
—	Les Veillées de chasse	1
Melek-Hanam	Trente ans dans les Harems	1
Melville	Les Gladiateurs	2
Mickiewicz (Adam)	Œuvres poétiques	2
Milton	Le Paradis perdu	1
Moore (Thomas)	Mélodies	1
Mugge	Afraja	1
Ossian	Œuvres	2
Ouida	Musa	1
—	La Princesse Zouroff	1
Piotrowski	Souvenirs d'un Sibérien	1
Poë (Edgar)	Aventures d'Arthur Gordon Pym	1
—	Histoires extraordinaires	1
—	Nouvelles histoires extraordinaires	1
—	Histoires grotesques et sérieuses	1
Pouschkine	La Fille du capitaine	1
Rhoïdis (E.)	La Papesse Jeanne	1
Richardson	Le Chevalier Grandisson	7
—	Clarisse Harlowe	7
Ruffini	Découverte de Paris	1
Sacher-Masoch	Hadasca	1
—	Nouvelles	1
—	Un Testament	1
Schiller	Théâtre	3
Scott (Walter)	Waverley	1
—	Guy Mannering	1
—	L'Antiquaire	1
—	Rob-Roy	1
—	Le Nain noir. — Les Puritains d'Ecosse	2
—	La Fiancée de Lammermoor. — L'Officier de fortune	1
—	Ivanhoé	1

		vol.
Scott (Walter)	L'Abbé	1
—	Kenilworth	1
—	Le Pirate	1
—	Les Aventures de Neigel	1
—	Péveril du Pic	1
—	Quentin Durward	1
—	Les Eaux de Saint-Ronan	1
—	Redgauntlet	1
—	Le Connétable Chester	1
—	Richard en Palestine	1
—	Woodstock	1
—	Les Chroniques de la Canongate	1
—	La jolie Fille de Perth	1
—	*Le même*	1
—	Charles-le-Téméraire	1
—	Robert de Paris	1
—	Le Château périlleux. — La Démonologie	1
—	Histoire d'Ecosse	3
—	Romans poétiques	2
Shakespeare	Jules César	1
—	Théâtre	20
—	Théâtre (traduction F.-V. Hugo	18
	I. Les deux Hamlet. II. Les Féeries : La Tempête. — Le Songe d'une nuit d'été. III. Les Tyrans : Macbeth. — Le Roi Jean. — Richard III. IV. Les Jaloux : Troylus et Cressida, etc. V. — Cymbeline. — Othello. VI. Les Comédies de l'Amour. VII. Les Amants tragiques : Antoine et Cléopâtre. — Roméo et Juliette. VIII Les Amis : Le Marchand de Venise, etc. IX. La Famille : Coriolan. — Le Roi Lear. X. La Société. XI. La Patrie : Richard II. — Henri IV. XII. — Henri V. — Henri VI. XIII. — Henri VII. — Henri VIII. XIV. Les Farces. XV. Les Sonnets et les Poèmes. XVI, XVII, XVIII. Les Apocryphes.	
Silvio Pellico	Mes Prisons	1
Smith	Dick Darleton	3
Stephens	Opulence et Misère	1
Sterne	Tristram Shandy	2
—	Voyage sentimental	1
Swift	Voyages de Gulliver	1
Spielhagen	Le Mariage d'Ellen	1
Tardif de Mello	Histoire intellectuelle de la Russie	1
Tasse (Le)	Jérusalem délivrée	1
Tcheng-ki-Tong	Les Chinois peints par eux-mêmes	1
Thackeray	La Foire aux vanités	2
—	Henry Esmond	2
—	Le Livre des Snobs	1
—	Sur la Falaise	1
Töpffer	Nouvelles génevoises	1

		vol.
Töpffer	Le Presbytère	1
—	Réflexions et Menus propos	1
—	Rosa et Gertrude	1
—	Premier Voyage en zig-zag	1
—	Nouveau Voyage en zig-zag	1
Tourgueneff (Ivan)	Mémoires d'un seigneur russe	2
—	Nouvelles moscovites	1
—	Les Pères et les Enfants	1
Townsend	Madeline	1
Trollope	Le Domaine de Belton	1
—	Le Gardien	1
—	Œil pour œil	1
—	La Pupille	1
Türr	Le général Türr	1
Van de Wiele	Lady Fauvette	1
Wiseman (Cardinal)	Fabiola	1
With	Aventures d'un jeune ingénieur	1
Wyss	Le Robinson suisse	1
—	*Le même*	1

Littérature Française.

Abbé *** (l')	Le Confesseur	2
—	Le Curé de campagne	2
—	Le Jésuite	2
—	Le Maudit	3
—	Le Moine	1
—	La Religieuse	2
About (Edmond)	Alsace	1
—	Le Capitaine Bitterlin	1
—	Le Cas de M. Guérin	1
—	Causeries	2
—	Le Fellah	1
—	Germaine	1
—	La Grèce contemporaine	1
—	L'Homme à l'oreille cassée	1
—	L'Infâme	1
—	Lettres d'un bon jeune homme	1
—	Dernières Lettres d'un bon jeune homme	1
—	Madelon	1
—	Maître Pierre	1
—	Les Mariages de Paris	1
—	Les Mariages de Province	1
—	Le Mari imprévu	1
—	*Le même*	1
—	Le Marquis de Lanrose	1
—	Le Nez d'un notaire	1
—	De Pontoise à Stamboul	1
—	Le Progrès	1
—	Le Roi des montagnes	1
—	Le Roman d'un brave homme	1
—	Rome contemporaine	1
—	Tolla	1
—	Trente et Quarante	1
—	Le Turco	1

		vol.
ABOUT (Edmond). . . .	Les Vacances de la Comtesse	1
ACHARD (Am.)	Belle Rose.	1
—	La Chasse royale.	2
—	Les Coups d'épée de M. de la Guerche.	1
—	Envers et contre tous.	1
—	La Famille Guillemot.	1
—	Les Filles de Jephté	1
—	Histoire d'un homme.	1
—	Les Misères d'un millionnaire.	1
—	Noir et Blanc	1
—	Les trois Sœurs.	1
—	La Cape et l'Epée.	1
—	La Toison d'or.	1
—	La Famille Aubernin.	1
—	Le Duc de Carlepont.	1
AIMARD (G.).	Balle-Franche.	1
—	Le Chien noir.	1
—	*Le même*	2
—	Les Francs tireurs.	1
—	Le Grand Chef des Aucas	2
—	Le Rancho du pont de Lianes	1
—	Le Rastréador	2
—	Les Rodeurs de Frontières.	1
—	Le Souriquet	2
—	Les Trappeurs de l'Arkansas	1
ALBERT (P.).	La Prose.	1
—	La Poésie	1
—	La Littérature française au XVIe siècle. .	1
—	— au XVIIe siècle.	1
—	— au XVIIIe siècle.	1
—	Poëtes et Poésie	1
—	Les origines du Romantisme.	1
ALBRAY (J. d')	La Chambaudière.	1
AMBERT (le général) . .	Récits militaires	2
AMIC (H.).	Au Pays de Gretchen	1
AMPÈRE (A. M.)	Correspondance	1
—	Littérature et Voyages.	1
ANDRÉ LÉO	Jacques Galleran.	1
ANONYME	Ignis	1
—	Lettres d'un Dragon	1
—	Lettres d'une Péruvienne	1
—	Miss Merton	1
—	Paris et Versailles au XVIIIe siècle. . .	2
—	Souvenirs d'un Officier du 2e zouaves .	1
—	Victor Hugo par un témoin de sa vie. .	2
—	La Vie parisienne sous Louis XVI. . .	1
—	Voltaire, la philosophie et le fanatisme.	1
ARAGO (Etienne)	Les Bleus et les Blancs	2
—	Une Voix de l'Exil.	1
ARBRÉ DE LA ROCHE . .	Un Parquet en Province	1
ASSOLANT (A.)	L'Aventurier.	2
—	Aventures du Capitaine Corcoran . . .	2
—	Cadet Borniche.	1
—	La Croix des prèches.	2
—	François Buchamor	1

		vol.
Assolant (A)	Léa	1
—	Marcomir	1
—	La Mort de Roland	1
—	Le plus hardi des Gueux	1
—	Le Quaker	1
—	Le vieux Juge	1
Aubryet	La Vengeance de Mme Maubrel	1
—	Chez nous et chez nos voisins	1
Audebrand (Ph.)	Le Drame de la Sauvagère	1
—	Les Mariages d'aujourd'hui	1
—	Le Péché de Son Excellence	1
Auger (l'abbé)	Harangues	1
Autran	Epitres rustiques	1
—	Les Poèmes de la Mer	1
Avenel (Paul)	Chansons	1
—	Le Duo des Moines	1
—	Les Lipans	1
Avril (A. d')	La Chanson de Roland	1
Badin	Couloirs et Coulisses	1
Balzac	Béatrix	1
—	Sur Catherine de Médicis	1
—	Les Célibataires	2
—	Les Chouans. Une passion dans le désert	1
—	Les Contes drolatiques	3
—	Le Contrat de mariage. Un Début dans la vie	1
—	La Cousine Bette	1
—	Le Cousin Pons	1
—	Le Curé de village	1
—	La dernière incarnation de Vautrin	1
—	Le Député d'Arcis	1
—	L'Enfant maudit	1
—	L'Envers de l'Histoire contemporaine	1
—	Eugénie Grandet	1
—	La Femme de trente ans. Gobseck, etc.	1
—	Grandeur et décadence de César Birotteau	1
—	Honorine	1
—	Histoire des Treize	1
—	Illusions perdues	2
—	Louis Lambert	1
—	Le Lys dans la Vallée	1
—	La Maison du chat qui pelote. Le Bal de Sceaux. La Bourse, etc	1
—	La Maison Nucingen. Les Secrets de la princesse de Cadignan. Les Employés, etc	1
	Les Marana. Adieu, etc	1
—	Le Médecin de Campagne	1
—	Mémoires de deux jeunes mariées	1
—	Modeste Mignon	1
—	La Paix du Ménage. La fausse Maîtresse, etc	1
—	Les Paysans	1

		vol.
BALZAC	Les Parisiens en Province. L'illustre Gaudissart. La Muse du Département.	1
—	La Peau de chagrin	1
—	Le Père Goriot	1
—	Petites misères de la Vie conjugale . .	1
—	Physiologie du mariage.	1
—	La Recherche de l'absolu, etc.	1
—	Les Rivalités. La Vieille fille. Le Cabinet des antiques.	1
—	Splendeurs et misères des Courtisanes.	1
—	Une ténébreuse affaire. Un Episode sous la Terreur.	1
—	Ursule Mirouet.	1
BANCEL.	Harangues et Commentaires.	3
BANVILLE (Th. de) . . .	Les Exilés	1
—	Odes funambulesques.	1
—	Mes Souvenirs	1
—	Traité de Poésie française.	1
BARBIER (Aug.).	Histoires de Voyages.	1
—	Iambes et Poèmes	1
—	Satires et Chants.	1
BARBOU.	Victor Hugo et son temps	1
BARRA (L.)	Jacques Duclerc	1
BARRACAND.	Un Village au XIIe et au XIXe siècle. .	1
BARRET.	Les Troubadours.	1
BARROT (Odysse). . . .	Le Casier judiciaire	1
—	Le Procureur impérial	2
BARTHÉLEMY	Némésis.	1
BEAUMARCHAIS	Mémoires.	4
BEAUVOIR (R. de) . . .	Les meilleurs fruits de mon panier . .	1
—	Les Soirées du Lido	1
BELOT	Deux Femmes. — La Comtesse Emma.	1
—	Les Fugitives de Vienne	1
BENTZON (Th.).	Amour perdu.	1
—	Un Châtiment.	1
—	Georgette	1
—	La grande Saulière.	1
—	Miss Jane.	1
—	Une Vie manquée	1
—	La Vocation de Louise.	1
—	Yette.	1
BÉRANGER.	Chansons.	1
—	Procès.	1
BÉRART (de).	La Mer.	1
BERLIOZ.	Correspondance.	1
BERNARD (Ch. de) . . .	Les Ailes d'Icare.	1
—	Un Beau-père	2
—	L'Ecueil.	1
—	Le Gentilhomme campagnard	2
—	Gerfaut.	1
—	Un Homme sérieux.	1
—	Le Nœud Gordien.	1
—	Le Paravent	1
—	Le Paratonnerre	1

		vol.
BERNARD (F.).	Les Évasions célèbres	1
BERNARDIN DE SAINT-PIERRE.	Etudes de la Nature.	5
—	Paul et Virginie.	1
—	*Le même*	1
BERQUIN	Œuvres.	1
BERT (P.).	Discours et Conférences	1
BERTHET (Elie).	Le Charlatan.	1
—	Les Houilleurs de Polignies	1
—	Mère et Fille.	1
—	L'Œil de diamant.	1
—	L'Enfant des bois.	1
—	Le Brocanteur.	1
BERTHEZÈNE	Le Progrès	1
BIART (Lucien).	A travers l'Amérique.	1
—	Aventures d'un jeune Naturaliste. . . .	1
—	Le Bizco.	1
—	Entre deux Océans.	1
—	Le Fleuve d'or	1
—	Jeanne de Maurice	1
—	Monsieur Pinson	1
—	Le Pensativo.	1
—	Le Roi des Prairies	1
BLONDEL (A.).	Le Roman d'un Maître d'école.	1
BOILEAU.	Œuvres.	3
BOISGOBEY (F. du) . . .	L'As de cœur.	2
—	Le Bac.	1
BOISSONNAS (Mme). . . .	Une Famille pendant la guerre.	1
—	Un Vaincu	1
BONSERGENT	Madame Caliban	1
BORNIER (H. de)	Nouvelles	1
—	La Lizardière	1
—	Poésies complètes.	1
BOSSUET	Oraisons funèbres.	1
BOSSUET-FLÉCHIER . . .	Oraisons funèbres.	1
BOUILHET (L.).	Œuvres.	1
BOUILLET (A.).	Arrière-ban de l'Ordre moral	1
—	Les Bourgeois gentilshommes	2
BOURDALOUE	Morceaux choisis.	1
BOURDE (P.)	La Fin du vieux temps	1
BOURGUIN.	Histoire d'une Perruque.	1
BOUSSENARD.	Aventures d'un gamin de Paris.	1
—	Le Sultan de Bornéo	1
—	Les Pirates des Champs d'or.	1
BOUTIQUE.	Xavier Testelin.	1
BRACHET.	Morceaux choisis (XVIe siècle).	1
BRAVARD	Une petite Ville	1
BRÉHAT (A. de).	Bras d'Acier	1
—	Deux Amis.	1
—	Les Chemins de la vie	1
—	Scènes de la Vie contemporaine	1
—	Les Vacances d'un professeur	1
BRILLAT-SAVARIN. . . .	Physiologie du Goût	1
—	*Le même*	2
BUET (C.).	La petite Princesse.	1

		vol.
CADOL (E.)	La Revanche d'une honnête femme. . .	1
—	Son Altesse.	1
CALEMARD.	La Prime d'honneur	1
CAMP (Maxime du). . .	Paris, ses organes, ses fonctions et sa vie.	6
—	Chants modernes.	1
CANIVET (C.).	Pauvres diables.	1
CARCASSONNE.	Pièces à dire.	1
—	Nouvelles pièces à dire.	1
CARETTE (Mme).	Passion	1
CARO (Mme).	Flamen.	1
—	Histoire de Souci	1
—	Nouvelles amours d'Hermann et Dorothée.	1
—	Le Péché de Madeleine.	1
—	*Le même*	1
CASTELNAU	Les Médicis.	2
CAUVAIN.	Le Voleur du Diadème.	2
CAVAIGNAC	Roman militaire.	1
CAZE (R.).	L'Elève Gendrevin	1
CELIÈRES (P.).	Le Chef-d'œuvre du papa Schmeltz . .	1
—	Une Heure à lire	1
—	Quand il pleut	1
—	Le Roman d'une mère.	1
CERFBEER.	Histoire d'un Village.	1
CHABANNE	Les Détenus politiques.	1
CHAMFORT	Œuvres choisies.	1
CHAMPFLEURY	Les Bourgeois de Molinchart.	1
—	Chien Caillou.	1
—	Les Excentriques.	2
—	La Pasquette.	1
—	Monsieur de Bois d'Hyver.	1
—	Le Secret de M. Ladureau	1
—	Les Souffrances du professeur Delteil. .	1
—	La Succession Le Camus.	1
—	L'Usurier Blaisot	1
CHANDENEUX (Mme de) .	L'Automne d'une femme.	1
—	La Croix de Mouguerre.	1
—	Une Faiblesse de Minerve.	1
—	Une Fille laide.	1
—	Les Giboulées de la vie.	1
—	Le Lieutenant de Rancy.	1
—	Secondes noces.	1
—	Souvenirs de Bérénice	1
—	Les Ménages militaires :	
	La Femme du capitaine Aubépin . .	1
	Les Filles du colonel	1
	Le Mariage du trésorier.	1
	Les deux Femmes du major.	1
—	Les Mariages de Garnison :	
	La Dot réglementaire.	1
	L'Honneur des Champavayre. . . .	1
	Un Cœur de soldat.	1
CHARPENTIER.	La Littérature française au XIXe siècle.	1
CHARTON (Ed.)	Trois pauvres Enfants	1

		vol.
CHASLES (Ph.)	Mémoires	2
—	Voyage à travers la Vie et les Livres	2
—	L'Angleterre littéraire	1
CHASSAING	Mes Chasses au lion	1
CHATEAUBRIAND	Atala	1
—	Atala. — René	1
—	Le Génie du Christianisme	3
—	Itinéraire de Paris à Jérusalem	2
—	Les Martyrs	2
—	Les Natchez. — Poésies	1
—	Le Paradis perdu	1
CHATELET (Mme du)	Lettres	1
CHAVETTE (E.)	La Chiffarde	2
—	Défunt Brichet	2
—	L'Héritage d'un pique-assiette	3
CHAZEL (P.)	Histoire d'un Forestier	1
CHÉNIER (André)	Œuvres : Poésie	1
—	— Prose	1
—	Œuvres poétiques	1
CHÉNIER (M.-J.)	Choix de Poésies	1
CHERBULIEZ (V.)	L'Aventure de Ladislas Bolski	1
—	Un Cheval de Phidias	1
—	Le Comte Kostia	1
—	La Ferme du Choquard	1
—	Le Fiancé de Mlle St-Maur	1
—	Le Grand Œuvre	1
—	L'Idée de Jean Tèterol	1
—	Meta Holdenis	1
—	Miss Rovel	1
—	Noirs et Rouges	1
—	Olivier Maugant	1
—	Paule Méré	1
—	Le Prince Vitale	1
—	Prosper Randoce	1
—	La Revanche de Joseph Noirel	1
—	Le Roman d'une honnête femme	1
—	Samuel Brohl et Ce	1
—	Etudes de Littérature et d'Art	1
CHERVILLE (de)	Aventures d'un Chien de chasse	1
—	Les Bêtes en robe de chambre	1
—	La Piaffeuse	1
—	La Vie à la campagne	1
CHEVALLIER	Fables	1
CHEVALLIER (Em.)	La Huronne	1
—	Poignet d'acier	1
—	La Tête plate	1
CHRÉTIEN	Le Fiancé de Marie	1
CLADEL (Léon)	Bonshommes	1
—	Le Bouscassié	1
—	Crête-rouge	1
—	La Fête votive	1
—	L'Homme de la Croix-aux-Bœufs	1
—	Kerkadec, garde-barrière	1
—	Ompdrailles	1
—	Urbains et Ruraux	1

		vol.
Cladel (Léon)	Les Va-nu-pieds	1
Claretie (Jules)	Cinq ans après	1
—	Une Drôlesse	1
—	La Fugitive	1
—	Mademoiselle Cachemire	1
—	La Maison vide	1
—	*Le même*	1
—	La Maitresse	1
—	*Le même*	1
—	Michel Berthier	1
—	Le Million	1
—	*Le même*	1
—	*Le même*	1
—	Monsieur le Ministre	1
—	*Le même*	1
—	Les Muscadins	2
—	Noris	1
—	*Le même*	1
—	Le petit Jacques	1
—	*Le même*	1
—	Pierrille	1
—	Le Prince Zilah	1
—	*Le même*	1
—	Robert Burat	1
—	*Le même*	1
—	Le Roman des Soldats	1
—	Le Train 17	1
—	Le troisième Dessous	1
Colas (Ch.)	Coqs et Vautours	1
Colet (Louise)	Les derniers Abbés	1
—	La Jeunesse de Mirabeau	1
—	Les Pays lumineux	1
Coppée (F.)	Poésies	3
—	Contes et Poésies	1
—	Contes en prose	1
—	Vingt contes nouveaux	1
Coquerel fils	Libres études	1
Cormenin	Pamphlets	1
Coster (de)	Le Voyage de noce	1
Courcy (de)	Le Bois de la Boulaye	1
Courier (P. L.)	Œuvres	1
Cournier	Une Famille en 1870-71	1
Craven (Mme)	Adélaïde Capece Minutolo	1
—	Anne Séverin	1
—	Eliane	2
—	Fleurange	2
—	La Jeunesse de Fanny Kemble	1
—	Le Mot de l'Enigme	2
—	Récit d'une Sœur	2
—	La Sœur Nathalie Narischkin	1
Czinski	Le Roi des Paysans	1
Daryl (Ph.)	Signe Meltroë	1
Dash (Comtesse)	Comment tombent les femmes	1
—	La Duchesse d'Eponnes	1
—	La Fée aux Perles	1

		vol.
Daudet (Alphonse). . .	Les Amoureuses (poésies)	1
—	Contes du Lundi	1
—	L'Evangéliste	1
—	*Le même*.	1
—	Fromont jeune et Risler aîné.	1
—	*Le même*	1
—	*Le même*.	1
—	Jack.	2
—	Lettres de mon Moulin.	1
—	Le Nabab.	1
—	*Le même*.	1
—	Numa Roumestan	1
—	*Le même*.	1
—	Le petit Chose..	1
—	Robert Helmont.	1
—	Les Rois en exil	1
—	*Le même*.	1
—	Sapho.	1
—	*Le même*..	1
—	Tartarin de Tarascon..	1
Daudet (Ernest). . . .	Les Aventures de Raimond Rocheray.	2
—	Dolorès.	1
—	Henriette.	1
—	Jourdan Coupe-tête	1
—	Un Mariage tragique.	1
—	Le Roman de Delphine.	1
Davyl (L.).	Le dernier des Fontbriand.	2
—	Les Enfants de la balle.	1
Delair (P.).	Contes d'à-présent.	1
Delattre.	Tribulations des voyageurs en chemin de fer.	1
Delavigne (Casimir). .	Œuvres.	1
—	Messéniennes et chants populaires. . .	1
—	Derniers chants.	3
Deligny (E.).	Le Talisman.	1
Della Rocca.	Souvenirs de Henri Heine.	1
Delpit (A.).	Le Fils de Coralie	1
—	La Marquise..	1
—	*Le même*	1
—	Le Mariage d'Odette.	1
—	Le Père de Martial..	1
—	*Le même*..	1
Deltour	Cours d'enseignement littéraire et scientifique..	1
Demesse	Un Martyre.	1
Demogeot..	Histoire de la Littérature française. . .	1
—	Histoire des Littératures étrangères . .	2
	I. Littératures septentrionales.	
	II. Littératures meridionales.	
Depping..	Merveilles de la force et de l'adresse. .	1
Deroulède (P.), ...	Chants du Soldat.	1
—	Chants français.	1
—	Chants patriotiques.	1
—	Marches et Sonneries.	1
Désaugiers.	Œuvres.	1

		vol.
Deschanel (E.)	A Pied et en Wagon	1
—	Le bien et le mal qu'on dit des femmes.	1
—	Etude sur Aristophane.	1
—	Histoire de la Conversation.	1
—	Physiologie des écrivains et des artistes	1
—	Le Romantisme des classiques	1
Deslys	L'Aveugle de Bagnolet.	1
Desmoulins (Camille). .	Œuvres choisies.	2
Desprez.	L'Evolution naturaliste.	1
Diderot	Œuvres choisies.	2
—	— — (Centenaire).	1
—	Morceaux choisis.	1
—	Jacques le Fataliste.	1
Didon (le père).	Les Allemands.	1
Dierx.	Les Amants.	1
Diguet (Ch.).	Mémoires d'un Fusil.	1
Dionys	Les Funérailles du passé	1
—	Mgr l'Evèque d'Ylaguirre.	1
Divers	Le Journal de la Jeunesse, 1877-1884 .	16
—	Le Magasin d'Education et de Récréation 1883.	2
—	Revue des Cours littéraires, 1866-1867.	1
—	La Croix de Berny.	1
—	Nouvelles russes.	1
—	Petits chefs-d'œuvre des Ecrivains du jour.	1
—	Rimes et idées.	1
—	Sonnets des vieux Maitres français. . .	1
—	L'Opinion nationale pendant le siège de Paris.	1
—	Feuilletons.	2
—	Romans.	3
—	Société des gens de lettres :	
—	Chacun la sienne.	1
—	Contes de toutes les couleurs.	1
—	L'Enfant de 36 Pères	1
—	En petit Comité.	1
—	Entre Amis.	1
—	Les Plumes d'or	1
—	La Ronde des Conteurs	1
Dodillon.	Les Vacances d'un séminariste.	1
Dorchain.	La Jeunesse pensive.	1
Doudan.	Lettres	4
Droz (G.).	Babolain.	1
—	Le Cahier bleu.	1
—	Entre nous	1
—	Les Etangs.	1
—	Une Femme gènante	1
—	Monsieur, Madame et Bébé	1
	Le même	1
—	Un Paquet de Lettres.	1
—	Tristesses et Sourires	1
Ducom.	Nouvelles gasconnes	1
Dumas (Alexandre). . .	Ange Pitou.	2

		vol.
DUMAS (Alexandre). . .	Ange Pitou	2
—	Amaury.	1
—	Ascanio.	2
—	Aventures de John Davys	2
—	Le Bâtard de Mauléon.	3
—	Le Cadet de famille.	3
—	Le Capitaine Pamphile.	1
—	Le Capitaine Paul	1
—	Le Capitaine Rhino.	1
—	Catherine Blum.	1
—	Le Chevalier de Maison-Rouge.	2
—	Le Chevalier d'Harmental.	2
—	Le Collier de la Reine.	3
—	*Le même*	3
—	Les Compagnons de Jéhu.	3
—	La Comtesse de Charny.	6
—	*Le même*.	6
—	La Dame de Montsoreau	3
—	*Le même*.	3
—	La Dame de volupté	2
—	Les deux Diane.	3
—	Les deux Reines.	2
—	Emma Lyonna.	5
—	La Femme au Collier de Velours. . . .	1
—	Fernande.	1
—	La Fille du marquis.	2
—	Une Fille du régent.	1
—	Les Garibaldiens	1
—	Mémoires de Garibaldi.	2
—	Georges	1
—	Joseph Balsamo	5
—	*Le même*.	5
—	Les Louves de Machecoul.	3
—	Les Mille et un Fantômes.	1
—	Mémoires.	10
—	Les Mohicans de Paris.	2
—	Monte-Cristo	2
—	*Le même*	3
—	Olympe de Clèves.	3
—	Le Page du duc de Savoie	2
—	Les Quarante-cinq	3
—	La Reine Margot	2
—	Salvator.	5
—	La San-Felice.	4
—	Souvenirs dramatiques.	2
—	Les Trois Mousquetaires.	2
—	*Le même*.	2
—	La Tulipe noire.	1
—	Vingt ans après	3
—	*Le même*.	3
—	Le Vicomte de Bragelonne.	6
—	*Le même*.	3
—	La Vie au Désert.	2
DUMAS Fils.	Antonine.	1
—	L'Affaire Clémenceau.	1

		vol.
DUMAS Fils	La Dame aux Camélias	1
—	*Le même*	1
—	Diane de Lys	1
—	Le Docteur Servans	1
—	L'Homme-Femme	1
—	La Question du Divorce	1
—	Le Régent Mustel	1
—	Le Roman d'une femme	1
—	Thérèse	1
DUPONT (Pierre)	Chants et Poésies	1
DUPUIT (A.)	Pauline Tardiveau	1
DUPRAT (Pascal)	Les Encyclopédistes	1
DURAND	Les grands Prosateurs	1
DURUY (G.)	Andrée	1
—	*Le même*	1
—	*Le même*	1
DUVAL (G.)	La Morte galante	1
EDMOND (Ch.)	Zéphirin Cazavan en Egypte	1
EGGER	Histoire du Livre	1
ELIEN	Histoires diverses	1
ELZÉAR (P.)	Jack Tempête	1
ENAULT (E.)	Diane Kerdoval	1
—	L'Enfant trouvé	1
—	Gabrielle de Célestange	1
ENAULT (L.)	Alba	1
—	Un Amour en Laponie	1
—	Cordoval	1
—	Dans les Bois	1
—	Frantz Müller	1
—	Hermine	1
—	Histoire d'Amour	1
—	Nadèje	1
—	Les Perles noires	1
—	La Pupille de la Légion d'Honneur	2
—	Stella	1
—	La Veuve	1
ENGELHARD	Souvenirs d'Alsace	1
ENNERY (A. d')	Le Prince de Moriac	1
ERCKMANN-CHATRIAN	Alsace!	1
—	L'Ami Fritz	1
—	*Le même*	1
—	Le Banni	1
—	Le Blocus	1
—	Le Brigadier Frédéric	1
—	Une Campagne en Kabylie	1
—	Confidences d'un joueur de clarinette	1
—	Contes populaires	1
—	Contes de la Montagne	1
—	Contes des bords du Rhin	1
—	Les deux Frères	1
—	Le Fou Yégof	1
—	Le Grand-père Lebigre	1
—	La Guerre	1
—	Histoire d'un Conscrit de 1813	1
—	*Le même*	1

		vol.
ERCKMANN-CHATRIAN. .	Histoire d'un Homme du peuple	1
—	Histoire d'un Paysan.	4
—	*Le même*	4
—	Histoire du Plébiscite.	1
—	*Le même*	1
—	Histoire d'un Sous-Maître	1
—	L'illustre docteur Matheus	1
—	L'Invasion	1
—	Madame Thérèse.	1
—	*Le même*	1
—	La Maison forestière.	1
—	Maître Daniel Rock.	1
—	Maître Gaspard Fix	1
—	Quelques mots sur l'esprit humain . .	1
—	Souvenirs d'un ancien chef de chantier.	1
—	Les Vieux de la Vieille..	1
—	Waterloo.	1
—	*Le même*.	1
ESQUIROS	L'Emile du XIXe siècle	1
—	L'Esprit des Anglais.	1
ESSARTS (Em. des). . .	Les Voyages de l'esprit.	1
ETAMPLES (G. d'). . . .	Le Château de Kergoët.	1
EYMA.	Le Roi des Tropiques	1
FABRE (F.).	L'Abbé Tigrane.	1
—	Barnabé	1
—	Le Chevrier.	1
—	Les Courbezon.	1
—	*Le même*	1
—	L'Hospitalière.	1
—	Julien Savignac.	1
—	Lucifer.	1
—	Mademoiselle de Malavieille.	1
—	Mon Oncle Célestin.	1
—	Le Roi Ramire.	1
—	Le Roman d'un peintre	1
—	La Petite Mère	4
	I. La Paroisse du Jugement dernier.	
	II. Le Calvaire de la baronne Fuster.	
	III. Le Combat de la fabrique Bergonnier.	
	IV. L'Hospice des Enfants-Assistés.	
—	Le Marquis de Pierrerue.	2
	I. La Rue du Puits-qui-parle.	
	II. Le Carmel de Vaugirard.	
FALLEX (Eug.)	Anthologie des Poètes latins.	2
—	Anthologie des Poètes français.	1
—	Anthologie des Prosateurs français. . .	1
FAUBERT (général) . . .	Poésies	1
FAVRE (Jules).	Conférences.	1
—	Discours	1
FÉNELON.	Télémaque	1
—	Dialogue des Morts	1
FÉRÉ (O.) et LEMER . .	Les Millions du Baron.	1
FERMÉ	Boulogne.	1
FÉRON	Confessions.	1
FERRY (Gabriel)	Costal l'Indien	1
—	Le Coureur des bois	2

		vol.
Ferry (Gabriel)	Les deux Maris de Marthe	1
—	Scènes de la Vie mexicaine.	1
Fervaques et Bachaumond	Rolande.	1
Feugère	Morceaux choisis.	2
Feuillet (Octave) . . .	Les Amours de Philippe	1
—	*Le même*	1
—	Bellah	1
—	Histoire d'une Parisienne.	1
—	Histoire de Sybille.	1
—	Le Journal d'une femme	1
—	Julia de Trécœur.	1
—	Un Mariage dans le monde.	1
—	Monsieur de Camors	1
—	*Le même*	1
—	La petite Comtesse.	1
—	Le Roman d'un jeune homme pauvre .	1
—	La Veuve.	1
Feuillet de Conches .	Les Salons de Conversation au XVIIIe siècle.	1
Féval (Paul)	Annette Laïs	1
—	Le Bossu	2
—	Le dernier Vivant	2
Feydeau (E.).	Catherine d'Overmeire	2
—	Daniel	2
—	Le Secret du bonheur	2
Flaubert (G.)	L'Education sentimentale	2
—	Bouvard et Pécuchet.	1
—	Madame Bovary	1
—	*Le meme*	1
—	Salammbô	1
—	*Le même*	1
—	Trois contes	1
Florian	Fables	1
Flourens.	Notice sur F. Arago	1
Fontenelle	Pluralité des Mondes.	1
—	Œuvres	5
Fonvielle (W. de). . .	Comment se font les miracles	1
Foudras (de)	Une Vie aventureuse.	1
Fouquet	Le Livre des Ruines	1
Fournel	L'Ancètre.	1
Fournier (E.)	L'Esprit dans l'histoire.	1
—	L'Esprit des autres.	1
France (A.)	Le Crime de Sylvestre Bonnard	1
—	Les Va-nu-pieds de Londres.	1
Gaboriau	L'Affaire Lerouge.	1
—	L'Argent des autres.	2
—	Le Capitaine Coutanceau	1
—	Le Crime d'Orcival	1
—	Le Dossier n° 113.	1
—	Les Esclaves de Paris.	2
—	Monsieur Lecocq	2
Gagneur	Un Chevalier de sacristie	1
—	Le Crime de l'abbé Maufrac	1
—	La Croisade noire.	1

		vol.
GAGNEUR	Le Roman d'un prêtre	1
—	Les Vierges russes	1
GALLAND	Les Mille et une nuits	1
GANDON	Le grand Godard	1
—	L'Oncle Philibert	1
—	Les 32 duels de Jean Gigon	1
GARCIN (Mme)	Nora	1
GASPARIN (de)	Trois paroles de paix	1
GAULOT	Mademoiselle Poncin	1
GAUTIER (Théophile)	Le Capitaine Fracasse	2
—	*Le même*	2
—	Emaux et Camées	1
—	Histoire du Romantisme	1
—	Nouvelles	1
—	Poésies complètes	2
—	Portraits contemporains	1
—	Le Roman de la momie	1
—	Romans et Contes	1
—	Tableaux de Siège	1
—	Voyage en Espagne	1
—	Voyage en Italie	1
—	Voyage en Russie	1
—	Constantinople	1
GAY (Sophie)	La Duchesse de Chateauroux	2
—	Souvenirs d'une vieille femme	1
GAZEAU	Les Bouffons	1
GEBHART	Rabelais	1
GÉRALD	La Faute de Germaine	1
—	La Maison Giniel	1
GÉRARD	Solange	1
GÉRUZEZ	Histoire de la Littérature française:	
	1° Avant la Révolution	2
	2° Pendant la Révolution	1
—	Histoire abrégée de la Littérature française	1
GERVAIS	Contes et Poëmes	1
GIBRAC (C.)	A la Frontière	1
GIDEL	La Littérature française	2
GILBERT	Œuvres choisies	1
GIRARDIN (Mme de)	Œuvres	6
	I. Poésies.	
	II. Romans.	
	III. Contes et nouvelles.	
	IV. et V. Lettres parisiennnes.	
	VI. Théâtre.	
GIRARDIN (Em. de)	Emile. — Au hasard	1
GIRARDIN (J.)	Les Gens de bonne volonté	1
—	Les braves Gens	1
GLATIGNY (A.)	Gilles et Pasquins	1
—	Le Jour de l'an d'un vagabond	1
GLATRON	Les Disciples de l'abbé François	1
—	La Nièce du curé	1
—	Speranza	1
GLOUVET (J. de)	Le Berger	1
—	Le Forestier	1
—	Le Marinier	1

		vol.
GLOUVET (J. de)	L'Idéal	1
GOBIN	Un Conseil de famille	1
GODEFROY	La Littérature française au XIXe siècle	1
GONDRECOURT	Le Bout de l'oreille	3
GONZALÈS	Les Frères de la Côte	1
GOUBAUX	Nouvelles	1
GOUDEAU	Poèmes ironiques	1
GOUJON (L.)	Gerbes déliées	1
GOURAUD	Cornélie	1
GOZLAN (L.)	Aventures de Polydore Marasquin	1
—	Histoire d'un Diamant	1
GRANDMAISON Y BRUNO	L'Echarpe bleue	1
GRAVE (Th. de)	Les Duellistes	1
GRENET-DANCOURT	Monologues	1
GRESSET	Œuvres complètes	3
—	Œuvres	2
GRÉVILLE (H.)	L'Amie	1
—	Angèle	1
—	Ariadne	1
—	Bonne Marie	1
—	Cité Ménard	1
—	Un Crime	1
—	Les Degrés de l'échelle	1
—	Dosia	1
—	Les Epreuves de Raïssa	1
—	L'Expiation de Savéli	1
—	Le Fiancé de Sylvie	1
—	Folle Avoine	1
—	L'Héritage de Xénie	1
—	L'Ingénue	1
—	Les Koumiassine	2
—	Louis Breuil	1
—	Lucie Rodey	1
—	Madame de Dreux	1
—	La Maison Maurèze	1
—	Les Mariages de Philomène	1
—	Marier sa Fille	1
—	Le Moulin Frappier	2
—	La Niania	1
—	Les Ormes	1
—	Perdue	1
—	La Princesse Oghérof	1
—	Rose Rozier	2
—	Sonia	1
—	Suzanne Normis	1
—	*Le même*	1
—	Le Vœu de Nadia	1
—	Un Violon russe	2
GRIMM	Contes choisis	1
GRISCELLI	Mémoires d'un Agent secret	1
GRISOT	Morceaux choisis	1
GUILLEMOT	Le Roman d'une bourgeoise	1
GUIZOT (M. et Mme)	Abélard et Héloïse	1
GUYOT (Yves)	Un Fou	1
HABERLIN	Les Employés	1

		vol.
HAGER (N.)	Le Drapeau de Valmy	1
HALÉVY (L.)	L'Abbé Constantin	1
—	*Le même*	1
—	Criquette	1
—	*Le même*	1
—	L'Invasion	1
—	Un Mariage d'amour	1
HALLER	Le Bleuet	1
HALT (Robert)	La petite Lazare	1
HANRIOT	Choix de Lectures	1
HATIN	Le Journal	1
HEILLY (G. d')	Le Parlement, la Cour et la Ville	1
HOUSSAYE (A.)	Histoire du 41e Fauteuil	1
—	La Comédienne	1
—	Le Roman de la Duchesse	1
—	Le Violon de Franjolé	1
HUGO (Charles)	Les Hommes de l'Exil	1
HUGO (Victor)	POÉSIE :	
—	L'Ane. Religions et religion	1
—	L'Année terrible	1
—	*Le même*	1
—	L'Art d'être grand-père	1
	Les Chansons des rues et des bois	1
—	Les Châtiments	1
—	*Le même*	1
—	Les Contemplations	2
—	Les Enfants	1
—	La Légende des siècles	5
—	La Légende des siècles, tomes III et IV	2
—	Odes et Ballades	1
—	Le Pape	1
—	*Le même*	1
—	La Pitié suprême	1
—	Les Quatre Vents de l'Esprit	2
—	Orientales. Voix intérieures. Rayons et Ombres. Chants du crépuscule. Odes et Ballades	1
—	Voix intérieures. Rayons et Ombres	1
—	Orientales. Feuilles d'automne. Chants du crépuscule	1
—	Feuilles d'automne. Chants du crépuscule	1
—	ROMAN :	
—	L'Homme qui rit	4
—	Les Misérables	1
—	*Le même*	10
—	*Le même*	10
—	Notre-Dame de Paris	1
—	*Le même*	2
—	Quatre-vingt-treize	2
—	Les Travailleurs de la Mer	3
—	Notre-Dame de Paris. — Han d'Islande. Bug-Jargal. — Le dernier jour d'un condamné. — Claude Gueux	1

		vol.
HUGO (Victor)	DIVERS :	
—	Histoire d'un Crime.	2
—	*Le même*	2
—	*Le même*.	2
—	Napoléon le Petit.	1
JACOLLIOT (L.)	Les Mouches du coche.	1
JACQUIER	Fables..	1
JANIN (Jules).	Un Cœur pour deux amours	1
—	Contes non estampillés.	1
—	Deburau	1
—	La Fin d'un monde et du neveu de Rameau	1
—	Les Gaietés champêtres.	2
—	Petits Romans	1
—	La Poésie et l'Eloquence à Rome . . .	1
—	La Religieuse de Toulouse.	2
—	Histoire de la Littérature dramatique .	6
JAUBERT (Mme).	Eyrielle.	1
—	Irréconciliables	1
JOANTHO	L'Ambitieux Castagnas.	1
JOLIET (Ch.).	Aurore..	1
—	La Foire aux chagrins.	1
—	*Le même*	1
—	Les Pseudonymes du jour	1
—	Une Reine de petite ville.	1
—	Le Roman de deux jeunes mariés . . .	1
—	La Vicomtesse de Jussey.	1
JOLY (V.).	Cric-crac (récits de la chambrée). . . .	1
JONCHÈRE.	Clovis Bourbon.	1
JOURDAN	Les Femmes devant l'échafaud.	1
—	Les mauvais Ménages.	1
JUDITH	Lucie de Courseulles..	1
JULIEN (F.)	L'Amiral Bouët-Willaumez.	1
JULIEN (S.).	Les Deux cousines (roman chinois). . .	2
KARR (Alph.).	Agathe et Cécile..	1
—	Contes et nouvelles.	1
—	De loin et de près.	1
—	L'esprit d'Alphonse Karr	1
—	La Famille Alain.	1
—	La Pénélope normande.	1
—	Les Soirées de Sainte-Adresse.	1
—	Sous les Orangers	1
—	Sous les Tilleuls..	1
—	Voyage autour de mon jardin..	1
KOCK (P. de).	Un bon Enfant	2
LABARRIÈRE.	Maître Sauvat	1
LA BÉDOLLIÈRE (E. de).	Le nouveau Paris	1
LABITTE (A.)	Le 108e Uhlans.	1
LABOULAYE (Ed.). . . .	Contes bleus..	1
—	Contes et nouvelles.	1
—	Paris en Amérique.	1
—	Le Prince Caniche..	1
LA BRUYÈRE.	Les Caractères	1
LACAN	Un Réveillon à l'hôtel Carnavalet . . .	1
LACOUR.	Trois Théâtres (Dumas,Augier,Sardou)	1

		vol.
LACOUR.	Gaulois et Parisiens (Labiche, Meilhac et Halévy, Gondinet).	1
LACRETELLE (H. de). . .	L'Amant malgré lui.	1
—	Lamartine et ses amis.	1
LAFAYETTE (Mme de) . .	Romans et nouvelles.	1
LA FONTAINE.	Fables	1
—	Œuvres complètes	2
LAFONTAINE (H.)	Petites Misères	1
LAHARPE	Cours de Littérature.	17
LA LANDELLE.	Après le Naufrage	1
—	Un Corsaire sous la Terreur.	1
—	Les Epaulettes d'amiral.	1
—	La Gorgone.	2
—	Une Haine à bord	1
—	*Le même*.	1
—	Les Marins	1
—	Mœurs maritimes.	1
—	Naufrages et Sauvetages.	1
—	Rose Printemps.	1
—	La Vie navale.	1
LALANNE (Lud.).	Curiosités biographiques	1
LAMARTINE	La Chute d'un Ange	1
—	*Le même*	2
—	Le dernier Chant du pélerinage d'Harold	1
—	Harmonies	1
—	Jocelyn.	1
—	Méditations.	2
—	Recueillements.	1
—	Poésies inédites	1
—	Geneviève.	1
—	Graziella.	1
—	Jacquard-Gutenberg	1
—	Le Manuscrit de ma Mère.	1
—	Mémoires inédits.	1
—	Raphaël.	1
—	Régina	1
—	Le Tailleur de pierres de Saint-Point. .	1
LAMBER (Juliette). . . .	Laide.	1
—	Poètes grecs contemporains	1
—	Récits du Golfe Juan.	1
LANCELIN.	Le Curé.	1
LANFREY	L'Eglise et les philosophes au XVIIIe siècle.	1
LAPOINTE (A.).	Le Bonhomme Misère.	1
—	Le Cousin César	1
LAPRADE (V. de)	Poèmes civiques	1
—	Les Symphonies	1
—	Tribuns et Courtisans	1
LA SELVE.	L'Artilleur de Longwy.	1
—	La Laûwetto	1
—	Une Lorraine.	1
LAURIE	Un Collège de Département.	1
—	La Vie de Collège en Angleterre. . . .	1
LAUZUN.	Mémoires	1
LAVERGNE (A. de) . . .	L'Aîné de la famille.	1

		vol.
Lavergne (A. de) . . .	Le Cadet de famille	1
—	Epouse ou Mère	1
—	Le Lieutenant Robert	1
—	L'Ut de poitrine	1
Lazare (L.)	Les Quartiers de l'est de Paris	1
—	Le 20e arrondissement	1
Lebaigue	Morceaux choisis	1
Leclercq (A.)	Les Heures perdues	1
Lecomte (J.)	Le Poignard de cristal	1
Lefèvre (André)	La Lyre intime	1
Lefèvre (Em.)	Le pauvre Jacques	1
Legouvé (E.)	Béatrix	1
—	Conférences parisiennes	1
	Edith de Falsen	1
—	Histoire morale des Femmes	1
	Nos Filles et nos Fils	1
—	Les Pères et les Enfants	2
—	*Le même*	2
Legouvé et Laboulaye.	Conférences littéraires	1
Lemoyne (A.)	Les Charmeuses	1
Leroy (Ch.)	Le Colonel Ramollot	1
Le Roy (A.)	Le Mariage de Laure	1
Le Sage	Le Bachelier de Salamanque	1
—	Le Diable boiteux	1
—	Gil Blas	2
Lesclide	Le dernier Scapin	1
Lescure (de)	Rivarol	1
Le Senne (C.)	Louise Mengal	1
Leygues	La Lyre d'airain	1
Lindau	Monsieur et Madame Bewer	1
Lomon (Ch.)	L'Amirale	1
—	L'Affaire du Malpel	1
Loti (P.)	*Mon frère Yves*	1
Macé (Jean)	La Morale en action	1
—	Divers	2
Macé (G.)	Le Service de la Sûreté	1
Maillard	Récits intimes	1
Maistre (X. de)	Œuvres choisies	1
—	Œuvres	1
Malherbe	Poésies	1
Mallefille	La Confession de Gaucho	1
Malot (Hector)	Les Amours de Jacques	1
—	L'Auberge du monde :	
	I. Le Colonel Chamberlain	1
	II. La Marquise de Lucillière	1
	III. Ida et Carmélita	1
	IV. Thérèse	1
—	Un Beau-frère	1
—	Une Belle-mère	1
—	La belle Madame Donis	1
—	Les Besoigneux	2
—	Cara	1
—	Clotilde Martory	1
—	Le Docteur Claude	2
—	Le Mariage de Juliette	1

		vol.
MALOT (Hector).	Un Mariage sous le second Empire. . .	1
—	Marichette	2
—	Le Mari de Charlotte.	1
—	Micheline	1
—	Les Millions honteux.	1
—	Miss Clifton.	1
—	Paulette	1
—	La petite Sœur.	2
—	Pompon.	1
—	*Le même*	1
—	Romain Kalbris.	1
—	Sans Famille.	2
—	*Le même*	2
—	Séduction.	1
—	Suzanne	1
MANUEL (Eug.).	Poèmes populaires	1
—	Pages intimes	1
—	Pendant la Guerre	1
—	En Voyage.	1
MAQUET (Ch.).	La Passion de mon oncle.	1
—	Les Orages de la vie.	1
—	La Maison du baigneur.	2
MARCIL (R.)	Vengeurs et Précurseurs.	1
MARICOURT (de).	Donatien	1
MARMIER (X.).	L'Avare et son trésor.	1
—	Contes populaires.	1
—	Les Drames intimes	1
—	Les Fiancés du Spitzberg.	1
—	Légendes des plantes et des oiseaux. .	1
—	Nouvelles du Nord	1
—	Robert Bruce.	1
—	Du Rhin au Nil	2
—	Le Roman d'un héritier.	1
MASSILLON	Sermons et morceaux choisis	1
MASSON (M.)	Daniel le Lapidaire.	1
—	Le Dévouement.	1
—	Ne touchez pas à la Reine	1
MAUPASSANT (G. de) . .	Yvette	1
MÉLANDRI	Le Baiser de ténèbres	1
MÉNIER (Mme V.). . . .	Heures de Loisirs	1
MERIMÉE (P.).	Carmen	1
—	Chronique du règne de Charles IX. . .	1
—	Clara Gazul.	1
—	Colomba	1
—	Les faux Démétrius.	1
MERLET (G.).	Extraits des Classiques français. . . .	1
—	Attiques et Humoristes.	1
—	Réalistes et Fantaisistes	1
—	Femmes et Livres	1
—	Hommes et Livres	1
MÉRY	André Chénier	3
—	Une Conspiration au Louvre.	1
—	Contes et nouvelles.	1
—	La Floride.	1
—	La Guerre du Nizam	3

		vol.
Méry	Héva	1
—	Les Nuits d'Orient	1
—	Le Transporté	1
Mestepès	Contes et Récits	1
Meurice (P.)	Les Tyrans de village	1
Mézières	En France	1
Michel (F.)	La Chanson de Roland	1
Michelet	L'Amour	1
—	Le Banquet	1
—	La Bible de l'Humanité	1
—	L'Etudiant	1
—	La Femme	1
—	*Le même*	1
—	Nos Fils	1
—	L'Insecte	1
—	Ma Jeunesse	1
—	Légendes du Nord	1
—	La Mer	1
—	La Montagne	1
—	L'Oiseau	1
—	Le Peuple	1
—	Le Prêtre, la Femme et la Famille	1
—	*Le même*	1
—	La Sorcière	1
Michelet et Quinet	Des Jésuites	1
Michiels	Histoire des idées littéraires en France au XIXe siècle	2
Millevoye	Poésies	1
Mirabeau	Discours	3
Mirabeau (Ctesse de)	L'Eté de la Saint-Martin	1
Mistral (F.)	Mireille	1
Moinaux	Les Tribunaux comiques	3
Monnier (Henri)	Mémoires de M. Joseph Prud'homme	2
Monnier (Marc)	Récits et Monologues	1
—	Le Roman de Gaston Renaud	1
Monseignat (de)	Le Cid Campéador	1
Monselet (Ch.)	Les Années de gaîté	1
—	Les Frères Chantemesse	2
—	Les Originaux du siècle dernier	1
—	Scènes de la Vie cruelle	1
Montégut	Nos Morts contemporains	2
—	Types littéraires	1
Monteil (E.)	Antoinette Margueron	1
—	Henriette Grey	1
—	Madame de Féroni	1
Montesquieu	Lettres persanes	1
—	Œuvres	3
Moreau (l'abbé)	Souvenirs de la Roquette	2
Moreau (Hégésippe)	Œuvres	1
Moret (E.)	Les Femmes au cœur d'or	1
Morier	Zohrab le prisonnier	2
Morin (A. S.)	Les Miracles	1
Mouëzy	L'Oncle de Danielle	1
—	Vic-en-Sèche	1
Mouton (E.)	Le Capitaine Marius Cougourdan	1

		vol.
MOYNET	L'Envers du théâtre	1
MULLER (E.)	Récits champêtres	1
—	La Mionette	1
—	Madame Claude	1
MURGER (H.)	Les Buveurs d'eau	1
—	Le Dernier rendez-vous	1
—	Le Pays latin	1
—	*Le même*	1
—	Le Roman de toutes les femmes	1
—	*Le même*	1
—	Le Sabot rouge	1
—	Scènes de Campagne	1
—	*Le même*	1
—	Scènes de la Vie de bohême	1
—	Scènes de la Vie de jeunesse	1
—	Les Vacances de Camille	1
MUSSET (A. de)	Premières Poésies	1
—	Poésies nouvelles	1
—	La Confession d'un enfant du siècle	1
—	*Le même*	1
—	Contes	1
—	Mélanges	1
—	Nouvelles	1
—	Œuvres posthumes	1
MUSSET (P. de)	Les Femmes de la Régence	1
—	Lui et Elle	1
NADAUD (G.)	Chansons à dire	1
—	Mes Notes d'Infirmier	1
NAPOLÉON Ier	Lettres à Joséphine	2
NARJOUX	Monsieur le Préfet des Hauts Monts	1
NERVAL (Gérard de)	Poésies complètes	1
NISARD (D.)	Histoire de la Littérature française	4
NODIER (Ch.)	Contes fantastiques	1
—	Contes de la Veillée	1
—	Mélanges littéraires	1
—	Nouvelles	1
—	Souvenirs de Jeunesse	1
NOËL (E.)	Voltaire	1
—	Mémoires d'un Imbécile	1
NOIR (L.) et FERRAGUT	Le Secret du Trappeur	1
NORIAC (J.)	La Bêtise humaine	1
—	Le 101e Régiment	1
—	*Le même*	1
—	Paris tel qu'il est	1
NUS	Nos Bêtises	1
OHNET (G.)	Serge Panine	1
—	*Le même*	1
—	Le Maître de forges	1
—	*Le même*	1
—	La Comtesse Sarah	1
—	*Le même*	1
—	Lise Fleuron	1
—	*Le même*	1
ONIMUS (Dr)	La Psychologie dans les drames de Shakespeare	1

		vol.
O'Rell (Max)	John Bull et son ile	1
—	Les Filles de John Bull	1
Parfait (P.)	L'Agent secret	1
—	Petit Pierre	1
—	La seconde vie de Marius Robert	1
Paria Korigan	Just Lhermenier	1
Pascal	Lettres à un Provincial	1
Pelletan (E.)	Jarousseau, le Pasteur du désert	1
—	Le Monde marche	1
Perceval (V.)	Une Date fatale	1
—	Dix Mille francs de récompense	1
—	La Fille naturelle	1
—	Monsieur le Maire	1
Perret (P.)	Les Misères du cœur	1
Petit	Les grands Incendies	1
Pichat (Laurent)	Commentaires de la vie	1
—	Gaston	1
—	Les Réveils	1
Piron	Œuvres choisies	1
Poitou (E.)	Portraits littéraires et philosophiques	1
Pompéry (de)	Le vrai Voltaire	2
Pons	Sainte-Beuve et ses inconnues	1
Pontmartin	Les Jeudis de Mme Charbonneau	1
Pouvillon	Césette	1
—	L'Innocent	1
Porchat	Trois mois sous la neige	1
Pothey et Bois	Plaids et bosses	1
Pradel	La Faute de Mlle Bucières	1
Prévost (l'abbé)	Manon Lescaut	1
Prévost-Paradol	Les Moralistes français	1
Price	Croquis de Province	1
Quinet (Edgar)	Ahasvérus	1
—	La Création	2
—	*Le même*	2
—	Le Christianisme et la Révolution	1
—	L'Esprit nouveau	1
—	Le Génie des Religions	1
—	Histoire de mes Idées	1
—	*Le même*	1
—	Les Jésuites. L'Ultramontanisme	1
—	Le Livre de l'exilé	1
—	Merlin l'Enchanteur	2
—	*Le même*	2
—	Marnix de Sainte-Aldegonde	1
—	Politique et religion. France et Rome	1
—	Prométhée. Les Esclaves	1
—	Les Roumains. Allemagne et Italie	1
—	Mes Vacances en Espagne	1
—	*Le même*	1
Quinet (Mme Edgar)	Mémoires d'exil	1
Rabelais	Œuvres	1
Racot	Champagne Cornod	1
Ranc	Le Roman d'une conspiration	1
Raspail (F. V.)	Procès et Défense	1
Ratisbonne	La Comédie enfantine	1

		vol.
Reboul (J.)	Poésies	1
Regnier	Œuvres	1
Rémusat	Récits du gaillard d'avant	1
Renan	Souvenirs d'enfance et de jeunesse	1
Restif de la Bretonne.	L'Ecole des Pères	2
Reybaud (L.)	Ce qu'on peut voir dans une rue	1
	Le dernier des Commis voyageurs	1
—	Jérôme Paturot	3
—	Terre et Ciel	1
Richebourg	La petite Mionne	1
Richepin	Miarka, la fille à l'ourse	1
Richer (L.)	Le Livre des femmes	1
Rivet	Victor Hugo chez lui	1
Rivière (H.)	Mademoiselle d'Avremont	1
—	La Main coupée	1
—	Pierrot, Caïn, l'Envoûtement	1
—	La Possédée	1
Robert (Ad.)	Le Combat de l'honneur	1
Robert (Cl.)	Les quatre Sergents de la Rochelle	1
Robert Halt	Une Cure du Dr Pontalais	1
—	Histoire d'un petit homme	1
Rochefort (H.)	L'Evadé	1
—	La Lanterne (11 numéros)	1
—	Le Palefrenier	1
—	Les Signes des temps	1
Rogeard	Pamphlets	1
Ronsard	Poésies	1
Roqueplan	La Vie parisienne	1
Rouslane	Kira	1
Rousseau (J.-B.)	Œuvres choisies	2
Rousseau (J.-J.)	Confessions	1
—	*Le même*	3
—	Correspondance	4
—	Dialogues	1
—	Discours	1
—	Le Contrat social	1
—	Dictionnaire de musique	2
—	Ecrits sur la musique	1
—	Emile	2
—	*Le même*	1
—	Lettres à d'Alembert. — Théâtre	1
—	Lettres de la montagne	1
—	Mélanges	1
—	La nouvelle Héloïse	2
Saint-Evremond	Œuvres	1
Saint-Germain (J.-T. de)	Contes et Légendes	2
Saint-Victor (P. de)	Barbares et Bandits	1
—	Hommes et Dieux	1
Sainte-Beuve	Causeries du Lundi	15
—	— (Table)	1
—	Nouveaux Lundis	13
—	Portraits contemporains	5
—	Portraits littéraires	3
—	Portraits de femmes	1
Saintine	Antoine	1

		vol.
Saintine	Le Chemin des écoliers	1
—	La Mythologie du Rhin	1
—	Picciola	1
—	Seul !	1
—	Les Trois Reines	1
Salières	Une Poignée de héros	1
Sand (George)	Adriani	1
—	Les Amours de l'âge d'or	1
—	André	1
—	Antonia	1
—	Le beau Laurence	1
—	Les beaux Messieurs de Bois-Doré	2
—	Cadio	1
—	Le Château des désertes	1
—	Le Compagnon du tour de France	2
—	La Comtesse de Rudolstadt	2
—	La Confession d'une jeune fille	2
—	Constance Verrier	1
—	Consuelo	3
—	Les Dames vertes	1
—	La Daniella	2
—	La dernière Aldini	1
—	Les deux Frères	1
—	Le Diable aux champs	1
—	Elle et Lui	1
—	La Famille de Germandre	1
—	La Filleule	1
—	Flamarande	1
—	Flavie	1
—	François le Champi	1
—	Histoire de ma vie	4
—	L'Homme de neige	3
—	Horace	1
—	Indiana	1
—	Isidora	1
—	Jacques	1
—	Jean Zyska	1
—	Jean de la Roche	1
—	Jeanne	1
—	Lelia	1
—	Lucrezia Floriani-Lavinia	1
—	Mademoiselle Merquem	1
—	Mademoiselle de la Quintinie	1
—	Les Maîtres mosaïstes	1
—	Les Maîtres sonneurs	1
—	La Mare au diable	1
—	Le Marquis de Villemer	1
—	La Marquise	1
—	Mauprat	1
—	Le Meunier d'Angibault	1
—	Mont Revèche	1
—	Narcisse	1
—	Pauline	1
—	Le Péché de M. Antoine	2
—	La petite Fadette	1

		vol.
Sand (George)	Le Piccinino	2
—	Pierre qui roule	1
—	Promenades autour d'un village	1
—	Le Secrétaire intime	1
—	Les Sept cordes de la lyre	1
—	Simon	1
—	Tamaris	1
—	Teverino. — Leone Leoni	1
—	Valentine	1
—	La Ville noire	1
Sandeau (J.)	Catherine	1
—	Le Château de Monsabré	1
—	Un Début dans la Magistrature	1
—	Le Docteur Herbeau	1
—	Fernand	1
—	Un Héritage	1
—	Jean de Thommeray	1
—	Le Jour sans lendemain	1
—	Madame de Sommerville	1
—	Madeleine	1
—	Mademoiselle de Kérouare	1
—	Mademoiselle de la Seiglière	1
—	La Maison de Penarvan	1
—	Mariana	1
—	La Roche aux Mouettes	1
—	Sacs et Parchemins	1
—	Valcreuse	1
Sarcey (F.)	Etienne Moret	1
—	Misères d'un Fonctionnaire chinois	1
—	Le Mot et la Chose	1
—	Le nouveau Seigneur du village	1
—	Le Piano de Jeanne	1
Saulière	Déshonorée	1
—	Les Guerres de la Paroisse	1
Saunière	La belle Argentière	2
—	Flamberge	2
—	Monseigneur	1
—	Le Secret d'or	1
Sauriac	La Mort de Jésus	1
Sauvenière	Pour lire le soir	1
Sauvestre (Ch.)	Sur les Genoux de l'Eglise	1
Scarron	Le Roman comique	1
—	Le Virgile travesti	1
Scholl (Aurélien)	Scènes et Mensonges parisiens	1
—	Les Amours de cinq minutes	1
Schuré	La Légende de l'Alsace	1
Scribe	Fleurette	1
—	Piquillo Alliaga	3
Sébillot	Contes de la Haute-Bretagne	1
Second (Albéric)	Misères d'un Prix de Rome	1
—	La Semaine des quatre Jeudis	1
—	*Le même*	1
Sévigné (Mme de)	Lettres	1
Siebecker	Le Baiser d'Odile	1
—	Les Fédérés blancs	1

		vol.
SIEBECKER........	Mœurs du jour...............	1
—	Poésies d'un Vaincu...........	1
SIGNORET........	Les Noces fantastiques.........	1
SILVESTRE (A)......	*Les Ailes d'or*...............	1
SINGUERLET......	Propos de table de M. de Bismark...	1
SOCIÉTÉ DES GENS DE LETTRES........	L'Offrande.................	1
—	Histoire littéraire des Femmes françaises...............	5
SOREL...........	Le Docteur Egra............	1
SOULIÉ (Frédéric)....	Au jour le jour..............	1
—	Le Comte de Toulouse.........	1
—	Confession générale..........	1
—	Contes et Récits de ma grand-mère..	1
—	Contes pour les Enfants.........	1
—	Les Drames inconnus..........	5
—	Les Forgerons..............	1
—	Les Prétendus...............	1
—	Si Jeunesse savait et si Vieillesse pouvait.................	2
—	Le Vicomte de Béziers.........	1
SOUVESTRE (Emile)...	Les Anges du foyer...........	1
—	Au *Coin du feu*.............	1
—	Confession d'un Ouvrier........	1
—	Contes et nouvelles..........	1
—	Les *Derniers Bretons*.........	2
—	Les Derniers Paysans..........	1
—	L'Echelle des femmes.........	1
—	En Famille................	1
—	Le Foyer breton.............	2
—	L'Homme et l'Argent..........	1
—	Le Mémorial de famille.........	1
—	Mikaël..................	1
—	Un Philosophe sous les toits.....	1
—	*Le même*................	1
—	Les Réprouvés et les Elus.......	2
—	Riche et Pauvre............	1
—	Le Roi du Monde............	2
—	Scènes de la Chouannerie.......	1
—	Les Soirées de Meudon........	1
—	Sous la Tonnelle............	1
—	Souvenirs d'un *Bas-Breton*......	2
STAAFF (colonel)....	La Littérature française........	6
STAËL (Mme de).....	L'Allemagne..............	1
—	*Corinne*................	1
—	Delphine.................	1
STAHL...........	Les Animaux peints par eux-mêmes..	1
STAPLEAUX.......	Les Compagnons du Glaive.......	1
STENDAHL........	La Chartreuse de Parme........	1
STENGER........	Le Sous-préfet de Chateauvert.....	1
SUË (Eugène)......	Le Juif-Errant..............	4
—	*Le même*................	4
—	Latréaumont..............	1
—	Misères des Enfants trouvés......	4
—	Le Morne au Diable..........	1

		vol.
Suë (Eugène)	Les Mystères de Paris	4
—	*Le même*	4
—	Les Mystères du Peuple	12
—	Plick et Plock. — Atar-Gull	1
—	Les septs Péchés capitaux	6
Sully-Prudhomme	Poésies	1
Sylvin	Contes bleus et noirs	1
Taine	La Fontaine et ses Fables	1
Tajan Rogé	Mémoires d'un Piano	1
Talmeyr	Le Grisou	1
Texier (E.)	Lettres sur l'Angleterre	1
Texier et Le Senne	La Dame du Lac	1
—	Mademoiselle de Bagnols	1
Théry (E.)	Sous l'Uniforme	1
Théry (A.) et Dezobry	Exercices de mémoire et de lecture	1
Theuriet (A.)	Les Enchantements de la Forêt	1
—	Eusèbe Lombard	1
—	La Filleule d'un marquis	1
—	Le Fils Maugars	1
—	La Fortune d'Angèle	1
—	Le Journal de Tristan	1
—	Madame Heurteloup	1
—	Mademoiselle Guignon	1
—	La Maison des deux Barbeaux	1
—	Le Mariage de Gérard	1
—	Les Mauvais Ménages	1
—	*Le même*	1
—	Michel Verneuil	1
—	Raymonde	1
—	Sauvageonne	1
—	Le Secret de Gertrude	1
—	Sous bois	1
—	Tante Aurélie	1
—	Toute seule	1
Thierry (Gilbert-Augustin)	Le Capitaine Sans-Façon	1
Thiéry (V.)	Après la Défaite	1
Tinseau (de)	Alain de Kérisel	1
Tissot (Victor)	L'Allemagne amoureuse	1
—	La Police secrète prussienne	1
—	Les Prussiens en Allemagne	1
—	Russes et Allemands	1
—	La Russie et les Russes	1
—	La Société et les Mœurs allemandes	1
—	Vienne et la vie viennoise	1
—	Voyage au Pays des Milliards	1
—	*Le même*	1
—	*Le même*	1
—	Voyage aux Pays annexés	1
—	Voyage au Pays des Tziganes	1
Tissot et Améro	Aventures de Gaspard Van der Gomm. I. La Comtesse de Montretout. II. Les Mystères de Berlin.	2
—	Aventures de trois Fugitifs	1
—	La Russie rouge	1

		vol.
TOPIN	Les Romanciers contemporains	1
TOUDOUZE	Madame Lambelle	1
—	Le Père Froisset	1
TOUTAIN	Un Français en Amérique	1
TRUMELET	Les Saints de l'Islam	1
TURPIN DE SANSAY	Voltaire	1
UCHARD (Mario)	La Buveuse de perles	1
—	La Comtesse Diane	1
—	L'Etoile de Jean	1
—	Inès Parker	1
—	Jean de Chazol	1
—	Madame Blaisot	1
—	Le Mariage de Gertrude	1
ULBACH (L.)	Les cinq doigts de Birouk	1
—	La Fleuriotte	2
—	L'Homme aux cinq louis d'or	1
—	Lettres d'une honnête femme	1
—	Le Livre d'une mère	1
—	Monsieur et Madame Fernel	1
—	Nos Contemporains	1
—	Le Prince Bonifacio	1
—	Le Secret de Mademoiselle Chagnier	1
—	Suzanne Duchemin	1
ULLIAC TRÉMADEURE	Claude ou le Gagne-petit	1
VACQUERIE (A.)	Les Miettes de l'histoire	1
—	Profils et Grimaces	1
VALBEAU (E. de)	Miss Mortimer	1
VALBERT	Hommes et choses d'Allemagne	1
VALLERY-RADOT	L'Etudiant	1
—	Journal d'un Volontaire d'un an	1
—	*Le même*	1
VALLÈS (Jules)	Jacques Vingtras	1
—	Le Bachelier	1
—	Les Réfractaires	1
VALMONT	L'Espion prussien	1
VANIER (L.)	Les 28 jours d'un Réserviste	1
VAT et PION	Les Visions d'un noyé	1
VAUVENARGUES	Œuvres	2
VERNE (Jules)	L'Archipel en feu	1
—	*Le même*	1
—	Autour de la Lune	1
—	*Le même*	1
—	Aventures du Capitaine Hatteras I. Les Anglais au pôle Nord. II. Le Désert de glace.	2
—	*Le même*	1
—	Aventures de 3 Russes et de 3 Anglais	1
—	*Le même*	1
—	Un Capitaine de 15 ans	2
—	*Le même*	2
—	Le Chancellor	1
—	*Le même*	1
—	Les 500 millions de la Bégum	1
—	Cinq semaines en ballon	1
—	*Le même*	1

		vol.
VERNE (Jules)	De la Terre à la Lune	1
—	*Le même*	1
—	*Le même*	1
—	Le Docteur Ox	1
—	*Le même*	1
—	L'Ecole des Robinsons	1
—	*Le même*	1
—	Les Enfants du Capitaine Grant	3
—	*Le même*	3
—	L'Etoile du Sud	1
—	*Le même*	1
—	Les Grands Voyages	3
—	Hector Servadac	2
—	*Le même*	2
—	L'Ile mystérieuse	3
	I. Les Naufragés de l'air.	
	II. L'Abandonné.	
	III. Le Secret de l'île.	
—	*Le même*	3
—	Les Indes noires	1
—	La Jangada	2
—	*Le même*	2
—	Kéraban le Têtu	2
—	*Le même*	2
—	La Maison à Vapeur	2
—	Michel Strogoff	2
—	*Le même*	2
—	Le Pays des Fourrures	2
—	*Le même*	2
—	Le Rayon Vert	1
—	*Le même*	1
—	Le Tour du Monde en 80 jours	1
—	*Le même*	1
—	Les Tribulations d'un Chinois en Chine	1
—	Une Ville flottante	1
—	*Le même*	1
—	20,000 Lieues sous les mers	1
—	*Le même*	2
—	*Le même*	2
—	Voyage au Centre de la terre	1
—	*Le même*	1
VÉRON (Dr L.)	Mémoires d'un bourgeois de Paris	5
VÉRON (Pierre)	L'Age de fer blanc	1
—	Les Chevaliers du Macadam	1
—	Les Marionnettes de Paris	1
—	Paris à tous les diables	1
—	Paris s'amuse	1
VEUILLOT (Louis)	Çà et là	2
—	Le fond de Giboyer	1
—	Les Odeurs de Paris	1
VIGNY (A. de)	Servitude et Grandeur militaires	1
VILLARS	Un Homme heureux	1
—	Les Mauvais jours	1
VILLEMAIN	Etudes sur la Littérature contemporaine	1
—	Notice sur Lord Byron	1

		vol.
VILLEMAIN	Souvenirs contemporains	2
VILLON (F.)	Œuvres complètes	1
VITET	La Ligue	2
VOLTAIRE	Biographie	1
—	Mémoires	1
—	La Henriade	1
—	*Le même*	1
—	Poésies	4
—	Essai sur les mœurs	6
—	Mélanges historiques	3
—	Politique et législation	3
—	Physique	2
—	Philosophie	6
—	Dictionnaire philosophique	8
—	Dialogues	2
—	Romans	2
—	Facéties	1
—	Mélanges littéraires	3
—	Commentaires	3
—	Correspondance	28
—	La Pucelle	1
—	Œuvres choisies	1
WELSCHINGER	Le Théâtre de la Révolution	1
WEY (F.)	Les Anglais chez eux	1
YRIARTE	Les Célébrités de la Rue	1
ZACCONE	La Vivandière des Zouaves	1
ZARI	Guillemette	1
ZOLA (E.)	L'Assommoir	1
—	Au Bonheur des Dames	1
—	La Conquête de Plassans	1
—	Mes Haines	1
—	Une Page d'amour	1
—	Les Soirées de Médan	1
ZURCHER et MARGOLLÉ	L'Energie morale	1

Littérature dramatique.

AUGIER (Emile)	Théâtre complet I. L'Aventurière. — L'Habit vert. — Gabrielle. II. Diane. — Philiberte. — Le Gendre de M. Poirier. — Ceinture dorée. III. La Pierre de touche. — Le Mariage d'Olympe. — La Jeunesse de Sapho. IV. Les Lionnes pauvres.—Un beau Mariage. — Les Effrontés. V. Le Fils de Giboyer. — Maître Guérin. — La Contagion. VI. Paul Forestier.— Jean de Thommeray. — Madame Caverlet. VII. Œuvres diverses.	7
—	L'Aventurière. — Le Mariage d'Olympe. — La Jeunesse. — La Contagion.	1
—	Philiberte. — Maitre Guérin. — Gabrielle. — Les Effrontés.	1

		vol.
Augier (Emile)	La Ciguë. — Le Fils de Giboyer. — Paul Forestier. — Le Gendre de M. Poirier	1
Augier et Foussier	Les Lionnes pauvres. — Un beau Mariage	1
Balzac	Théâtre	2
	I. Vautrin. — Les Ressources de Quinola. II. La Marâtre. — Le Faiseur.	
Barrière	Le Feu au couvent. — Les faux Bonshommes	1
Beaumarchais	Théâtre	2
	I. *Eugénie*. — *Les Deux Amis*. — Le Barbier de Séville. II. Le Mariage de Figaro. — La Mère coupable. — Tarare.	
Carcassonne	Théâtre d'adolescents	1
—	Scènes à deux	1
Coppée (François)	Théâtre	2
	I. Le Passant. — Deux douleurs. — Fais ce que dois. — L'Abandonné. — Les Bijoux de la Délivrance. II. Le Rendez-Vous. — Le Luthier de Crémone. — La Guerre de Cent ans.	
—	Severo Torelli	1
Corneille (Pierre)	Œuvres	1
Crébillon	Œuvres dramatiques	3
Daudet (A.)	Théâtre	1
Delavigne (Casimir)	Théâtre	3
	I. Les Vêpres siciliennes. — Les Comédiens. — Le Paria. — L'Ecole des Vieillards. II. La Popularité. — La Fille du Cid. — Le *Conseiller rapporteur*. — *Charles VI*. III. La Princesse Aurélie. — Marino Faliéro. — Louis XI.	
Destouches	Œuvres	2
Divers	Théâtre de Campagne	8
—	Saynètes et Monologues	8
—	Jean Strenner. — Héloïse Paranquet. — La Fiammina	1
—	Le Voyage de M. Perrichon. — Gringoire. — Le Supplice d'une femme. — La Conjuration d'Amboise.	1
—	Théâtre	4
Doucet (C.)	Œuvres complètes	2
Dumas (Alexandre)	Théâtre complet	25
	I. Comment je devins auteur dramatique. La Chasse et l'Amour. — La Noce et l'Enterrement. — Henri III et sa cour. — Christine. II. Napoleon Bonaparte. — Antony. — Charles VII chez ses grands vassaux. III. Richard Darlington. — Térésa. — Le Mari de la veuve. IV. La Tour de Nesle. — Angèle. — Catherine Howard,	

vol.

DUMAS (Alexandre). . .

V. Don Juan de Marana. — Kean. — Piquillo.
VI. Caligula. — Paul Jones. — L'Alchimiste.
VII. Mademoiselle de Belle-Isle. — Un Mariage sous Louis XV. — Lorenzino.
VIII. Halifax. — Les Demoiselles de Saint-Cyr. — Louise Bernard.
IX. Le Laird de Dumbiky.— Une Fille du Régent.
X. La Reine Margot.—Intrigue et Amour.
XI. Le Chevalier de Maison-Rouge. — Hamlet. — Le Cachemire vert.
XII. Monte-Cristo (1re partie). — Monte-Cristo (2e partie).
XIII. Le Comte de Morcef (3e partie de Monte-Cristo). — Villefort (4e partie de Monte-Cristo).
XIV. La Jeunesse des Mousquetaires. — Les Mousquetaires.
XV. Catilina. — Le Chevalier d'Harmental.
XVI. La Guerre des Femmes. — Le comte Hermann.— Trois Entr'actes pour l'Amour médecin.
XVII. Urbain Grandier. — Le vingt-quatre Février. — La Chasse au Chastre.
XVIII. La Barrière de Clichy. — Le Vampire.
XIX. Romulus.— La Jeunesse de Louis XIV. Le Marbrier.
XX. La Conscience. — L'Orestie. — La Tour Saint-Jacques.
XXI. Le Verrou de la Reine. — L'Invitation à la valse.— Les Forestiers.
XXII. L'Honneur est satisfait. — Le Roman d'Elvire. — L'Envers d'une Conspiration.
XXIII. Le Gentilhomme de la Montagne. — La Dame de Monsoreau.
XXIV. Les Mohicans de Paris. — Gabriel Lambert.
XXV. Madame de Chamblay. — Les Blancs et les Bleus. — Simples lettres sur l'Art dramatique.

DUMAS fils. . . . . Les Idées de Mme Aubray. — Le Fils naturel. - La Question d'argent. 1

— La Dame aux Camélias. — Le Demi-Monde 1

— Théâtre complet 6

I. La Dame aux Camélias. — Diane de Lys. — Le Bijou de la Reine.
II. Le Demi-Monde. — La Question d'argent.
III. Le Fils naturel. — Un Père prodigue.
IV. L'Ami des femmes. — Les Idées de Madame Aubray.
V. Une Visite de noces. — La Princesse Georges. — La Femme de Claude.
VI. Monsieur Alphonse. — L'Etrangère.

		vol.
FEUILLET (Octave) . . .	Scènes et Comédies.	1
—	Scènes et Proverbes	1
GAUTIER (Th.).	Théâtre.	1
HUGO (Victor).	Théâtre.	1
—	Théâtre. — Le Rhin.	1
—	Torquemada	1
—	Théâtre complet	4
	I. Cromwell. II. Hernani. — Marion Delorme. — Le Roi s'amuse. III. Lucrèce Borgia. — Marie Tudor. — Angelo. IV. La Esmeralda. — Ruy Blas. — Les Burgraves.	
LABICHE (E.)	Théâtre complet	10
	I. Un Chapeau de paille d'Italie. — Le Misanthrope et l'Auvergnat. — Edgard et sa bonne. — La Fille bien gardée. — Un Jeune homme pressé. — Deux Papas très bien.— L'Affaire de la rue de Lourcine. II. Le Voyage de M. Perrichon. — La Grammaire.— Les Petits oiseaux. — La Poudre aux yeux.— Les Vivacités du capitaine Tic. III. Célimare le bien-aimé. — Un Monsieur qui prend la mouche. — Frisette. — Mon Isménie. — J'invite le colonel. — Le baron de Fourchevif. — Le Club champenois. IV. Moi. — Les Deux Timides. — Embrassons-nous, Folleville ! — Un garçon de chez Véry.— Les Suites d'un premier lit. — Maman Sabouleux.— Les Marquises de la fourchette. V. La Cagnotte.— La Perle de la Cannebière.— Le premier Pas. — Un gros mot. — Le Choix d'un gendre. — Les 37 sous de M. Montaudoin. VI. Le plus heureux des trois. — La Commode de Victorine. — L'Avare en gants jaunes. — La Sensitive. — Le Cachemire X. B. T. VII. Les Trente Millions de Gladiator.— Le Petit Voyage.— 29 degrés à l'ombre. — Le major Cravachon. — La Main leste. — Un pied dans le crime. VIII. Les petites Mains. — Deux Merles blancs. — La Chasse aux corbeaux. — Un Monsieur qui a brûlé une dame. — Le Clou aux maris. IX. Doit-on le dire ? — Les noces de Bouchencœur. — La station Champbaudet. — Le point de Mire. X. Le prix Martin. — J'ai compromis ma Femme. — La Cigale chez les fourmis. — Si jamais je te pince ! — Un Mari qui lance sa femme.	
LEGOUVÉ	Théâtre.	1

		vol.
Lemercier de Neuville.	Comédies de château	1
Manuel (E.)	L'Absent. — Les Ouvriers	1
Marivaux	Théâtre	1
Martin (Henri)	Vercingétorix	1
Molière	Œuvres	2
—	*Le même*	2
Musset (A. de)	Comédies et Proverbes	2
Picard	Théâtre	2
Ponsard	Lucrèce. — La Bourse	1
—	Le Lion amoureux. — Agnès de Méranie	1
—	L'Honneur et l'Argent. — Charlotte Corday	1
Racine	Œuvres	1
—	*Les mêmes*	1
—	*Les mêmes*	2
—	*Les mêmes*	2
—	*Les mêmes*	4
Regnard	Théâtre	1
—	*Le même*	2
—	Œuvres	4
—	*Les mêmes*	6
Rémusat (C. de)	La Saint Barthélemy (Drame)	1
Sardou	Nos Intimes. — Les Vieux garçons	1
—	Les Pattes de mouche. — Patrie. — Les Ganaches	1
Scribe	Un père prodigue. — Le Verre d'eau	1
Sedaine. — Colin d'Harleville	Divers	1
Uchard (M.)	La Fiammina	1
Vacquerie (A.)	Tragaldabas	1
—	Théâtre complet	2
Vigny (A. de)	Théâtre complet	1
Voltaire	Théâtre	1
—	Théâtre	10

I. Œdipe. — Marianne. — Brutus.
II. Eriphile. — Zaïre. — Adélaïde Duguesclin. — Le duc d'Alençon. — Amélie.
III. La Mort de César. — Alzire. — Zulime. — Le Fanatisme. — Mérope.
IV. Sémiramis. — Oreste. — Catilina. — L'Orphelin de la Chine.
V. Tancrède. — Olympie. — Le Triumvirat. — Les Scythes.
VI. Les Guebres. — Sophonisbe. — Les Pélopides. — Les lois de Minos. — Don Pèdre.
VII. Irène. — Agathocle. — Socrate. — Saül. Jules César.
VIII. L'Indiscret. — Les Originaux. — L'Echéance. — L'Enfant prodigue. — La Prude.
IX. Nanine. — L'Écossaise. — Le Droit du Seigneur. — Charlot. — Le Dépositaire.
X. Opéras. — Divertissements. — Divers.

SÉRIE J

BEAUX-ARTS

Architecture. — Peinture. — Gravure. — Sculpture. Musique. — Arts décoratifs.

		vol.
ADELINE (J.).	Lexique des Termes d'art.	1
—	Sculptures grotesques et symboliques de Rouen.	1
ANONYME.	Vues de Rome.	1
—	Vues	1
—	Notices sur l'Hôtel de Cluny et le palais des Thermes	1
—	La Vie antique. Grèce.	1
AUGÉ (L.).	Les Tombeaux.	1
—	Les Sept Merveilles du monde.	1
BAPST (G.)	L'Etain.	1
BARRY DE MERVAL (du).	L'Architecture égyptienne	1
BAYET.	L'Art byzantin	1
BECQ DE FOUQUIÈRES . .	L'Art de la mise en scène.	1
BISSON et DE LAJARTE.	Traité de Musique	1
—	Histoire de la Musique.	1
BLANC (Ch.)	De Paris à Venise.	1
—	Les Artistes de mon temps.	1
—	Grammaire des Arts décoratifs.	1
—	Grammaire du Dessin..	1
BOISSIER (G.).	Promenades archéologiques	1
BOULLIER.	L'Art vénitien..	1
BUSSY (de).	Dictionnaire des Beaux-Arts	1
CASTEL (A.).	Les Tapisseries.	1
CERFBERR DE MEDELSHEIM.	L'Architecture en France.	1
CERNESSON	Grammaire du Dessin..	1
CHABAT (P.).	Dictionnaire de la construction.	3
CHAMPFLEURY.	Histoire de la Caricature (antiquité) . .	1
—	Histoire de la Caricature (moyen-âge, Renaissance)	1
—	Histoire de la Caricature (République, Empire, Restauration).	1
—	Histoire de la Caricature (moderne) . . .	1
—	La Caricature sous la Réforme et la Ligue.	1
—	Histoire des Faïences patriotiques sous la Révolution.	1
—	Histoire de l'Imagerie populaire	1
CHESNEAU.	L'Education de l'artiste	1
—	La Peinture anglaise.	1
CHEVÉ	Méthode de Musique vocale	1
CLÉMENT (F.).	Histoire des Beaux-Arts	1
COLLIGNON	Mythologie figurée de la Grèce.	1
—	L'Archéologie grecque	1
COLOMB.	La Musique.	1
—	Habitations et Edifices.	1

		vol.
COMETTANT (O.)	La Musique, les Musiciens et les Instruments de musique	1
DAVID (E.)	La Sculpture française	1
DELABORDE	La Gravure	1
DIDRON (aîné)	Annales archéologiques	1
—	Trésors de Cologne	1
DIVERS	L'Art et l'Industrie, 1877 à 1882	6
DUPLESSIS (G.)	Les Merveilles de la Gravure	1
DUVAL (M.)	L'Anatomie artistique	1
FALLET (Me C.)	Artistes célèbres	1
FROMENTIN	Les Maîtres d'autrefois	1
GAILHABAUD (J.)	L'Art dans ses diverses branches	1
GERSPACH	La Mosaïque	1
GILBERT	Solfège	1
GOUPIL	Peinture, Pastel, Paysage	1
HAVARD (H.)	La Peinture hollandaise	1
—	L'Art dans la maison	1
HEUZEY	Curiosités de la Cité de Paris	1
JACQUEMART	Les Merveilles de la Céramique	3
—	Histoire du Mobilier	1
JAY (L.-J.)	Lettres sur la Peinture, la Sculpture et l'Architecture	1
LACOMBE (P.)	Armes et Armures	1
LASTEYRIE (de)	Histoire de l'Orfévrerie	1
LAVOIX (fils)	Histoire de la Musique	1
LE COUPPEY	L'Enseignement du piano	1
LECOY DE LA MARCHE	Manuscrits et Miniatures	1
LEFÈVRE (A.)	Les Merveilles de l'Architecture	1
—	Les Parcs et les Jardins	1
LENORMANT	Monnaies et Médailles	1
LESBAZEILLES	Les Colosses	1
LOSTALOT (de)	Les procédés de la Gravure	1
MARTHA	Archéologie étrusque et romaine	1
MÉNARD	Art au moyen-âge	1
—	Histoire des Beaux-Arts	1
MINARD	Solfège	1
MUNTZ	La Tapisserie	1
NARJOUX	Construction et installation des Écoles primaires	1
—	Histoire d'un Pont	1
POISOT (Ch.)	Histoire de la Musique	1
PRÉVOST (G.)	Le Nu, le Vêtement, la Parure	1
PRIGNOT (E.)	Décors intérieurs	1
QUICHERAT	Traité de Musique	1
REBOULLEAU et MAGNIER	Peinture sur verre	1
ROUBO	L'Art de la Menuiserie. Texte	1
—	— — Planches	1
—	Traité d'Ébénisterie. Texte	1
—	— — Planches	1
SAVARD (A.)	Principes de Musique	1
SCHNORR	Magasin des Arts et de l'Industrie, 1868 à 1877	8
VÉRON (E.)	Supériorité des Arts modernes	1
—	L'Esthétique	1
VIARDOT (L.)	Les Merveilles de la Peinture	2

		vol.
VIARDOT (L.)	Les Merveilles de la Sculpture	1
VIOLLET-LE-DUC	Intervention de l'Etat dans l'enseignement des Beaux-Arts	1
—	Histoire d'un Dessinateur	1
—	Histoire d'une Maison	1
—	Histoire d'un Hôtel-de-Ville et d'une Cathédrale	1
—	Les Eglises de Paris	1
WAUTERS	La Peinture flamande	1
WILHEM	Manuel musical	1

SÉRIE K

PHILOLOGIE, LINGUISTIQUE

AHN	Grammaire allemande	1
ALVARÈS et RIVAIL	Grammaire normale	1
BALLANDE	La Parole	1
BEAUTAIN (l'abbé)	L'Art de parler en public	1
BLANC (J.)	L'Orthographe d'usage	1
BRACHET	Grammaire historique	1
—	Nouvelle Grammaire française	1
BURNOUF	Méthode pour étudier la langue grecque	1
BURON (L. L.)	Méthode de Langue anglaise	2
DESTAVILLE (l'abbé)	Le secret de Roscius	1
ELWALL (A.)	Cours de Langue anglaise	1
FILON (A.)	Eléments de Rhétorique	1
FLEMING (C.)	Grammaire anglaise	1
—	*Le même*	1
—	Grammaire anglaise (Exercices)	1
GÉRUZEZ	Leçons de mythologie	1
GUÉRARD	Grammaire française	1
—	Grammaire française (Exercices)	1
HERNANDEZ	Grammaire espagnole	1
—	Langue espagnole (Exercices)	2
—	Abrégé de grammaire espagnole	1
—	Les aventures de Télémaque (en Espagnol)	1
HOVELACQUE (A.)	La Linguistique	1
KISTER (J.-B.)	Grammaire allemande	1
KOCH (L.)	La classe en Allemand	1
—	Thèmes allemands	1
LAPERCHE (E.)	Manuel Syllabique	1
LARIVE et FLEURY	La troisième année de grammaire	1
LEGOUVÉ	L'Art de la Lecture	1
—	La Lecture en action	1
LÉVY (M.) et COURTIN	Cours complet de Langue allemande	1
LOPÈS (J.-M.)	L'Espagnol tel qu'on le parle	1
MERLET (G.)	Les grands Ecrivains	1
—	Extraits des Classiques français	1
ORDINAIRE (D.)	Rhétorique nouvelle	1
PACINI	Essai de grammaire	1
PAOLI	Grammaire italienne	1
PAPON (J.-B.)	L'art du Poëte et de L'Orateur	1

		vol.
PARNAJON (de)	Exercices et corrigés	1
POMMERAYE (de la)	Grammaire anglaise	1
QUICHERAT	Traité de Versification française	1
—	*Le même*	1
RICQUIER (L.)	Lecture à haute voix	1
—	Morceaux choisis	1
—	Lecture expressive	1
ROZAN	Petites ignorances de la Conversation	1
SADLER	Grammaire de la Langue anglaise	1
SANDERSON	Méthode de Langue espagnole	1
—	Méthode de Langue allemande	1
—	Méthode de Langue anglaise	1
—	Méthode de Langue italienne	1
SAVOYE (J.)	Cours de Langue allemande	1
SCOTT DE MARTINVILLE	Histoire de la Sténographie	1
SOBRINO (F.)	Grammaire franco-espagnole	1
SOMMER (E.)	Manuel de l'art épistolaire	2
—	Grammaire française	1
—	Grammaire latine	1
SULLIVAN (O.)	Le petit professeur d'anglais	1
VERGANI	Grammaire italienne	1
WAHL	Cours pratique de Langue allemande	1
WILM (J.)	Lectures allemandes	1

SÉRIE L

MÉCANIQUE

ARMENGAUD	Guide de Mécanique pratique	1
BROTHIER	Mécanique	1
BURAT	Mécanique	1
COLLIGNON	Les Machines	1
—	*Le même*	1
DELAUNAY	Cours de Mécanique	1
DESORMEAUX (P.)	L'Art du Tourneur	1
—	*Le même*	1
GRAFFIGNY (de)	Les Moteurs	1

SÉRIE M

TECHNOLOGIE — INDUSTRIES DIVERSE

ANONYME	Travaux du laboratoire municipal	1
CAMBRE (G. La)	Fabrication des Bières	2
DELON (C.)	Le fer, la fonte et l'acier	1
	Le cuivre et le bronze	1
—	Mines et carrières	1
DEMONT	Traité de Serrurerie	1
DIVERS	Industrie des bois	1
FRANCK	Vins de la Gironde	1
FREYCINET (Ch. de)	Traité d'Assainissement industriel (texte)	1
—	— — (planches)	1
	Principes de l'Assainissement des villes (Texte)	1

		vol.
Freycinet (Ch. de). . .	Principes de l'Assainissement des villes (Planches).	1
Gautier (A.).	Sophistication des vins.	1
Guillemin (A.).	Les Chemins de fer.	1
—	La Vapeur..	1
Hélène (M.)	La Poudre à canon.	1
Houzé.	Le livre des Métiers manuels.	1
Landrin	Traité de l'Acier	1
Leuchs	Matières Tinctoriales.	2
Maviez.	Traité de Peinture.	1
Monckhoven.	Traité de Photographie.	1
Muller (E.)	Le Marchand de nouveautés.	1
Ortolan	Cours de machines à vapeur.	1
Pasteur (M. L.)	Etudes sur le vin	1
Ramée.	Architecture et constructions pratiques	1
Renard (L.)	L'Art naval.	1
Sauzay (A.).	La Verrerie.	1
—	*Le même*	1
Thomé de Gamond. . .	Les Eaux courantes	1

SÉRIE N

COMMERCE — COMPTABILITE

Barré	Cours de Comptabilité	3
	I. Tenue des livres. II. Comptabilité commerciale et financière. III. Comptabilité financière.	
Bonnin (Pascal)	Cours pratique de Droit commercial. .	1
Courcelle Seneuil. . .	Traité élémentaire de Comptabilité . .	1
Desgranges (E.)	Tenue des livres	1
Léautey	Questions de Comptabilité.	1
Monginot (A.)	Etudes sur la Comptabilité.	1
Pigier	Tenue des livres	1
Vannier (H.).	Notions de Commerce et de Comptabilité.	1
—	Cours préparatoire à la Tenue des livres	1
—	Traité de Tenue des livres.	1

SÉRIE O

AGRICULTURE

Astier (F.).	Dictées, leçons et problèmes sur l'Agriculture.	2
Barral (J.-A.).	Le bon Fermier.	1
—	La lutte contre le Phylloxéra	1
Divers	Reboisement des Montagnes (Direction générale des forêts)	1
Gasparin (de).	Fermages.	1
Gayffier (de).	Reboisement des montagnes.	1
Girardin et Dubrueil.	Traité élémentaire d'Agriculture. . . .	2

		vol.
GRANDEAU (L.)	Stations agronomiques	1
GRESSENT	Parcs et Jardins	1
—	Le Potager moderne	1
LAVERGNE (B.)	Agriculture des terrains pauvres	1
MAUGUIN	L'administration de l'Agriculture en France	3
RENDU	Les Insectes nuisibles	1
SAMSON (A. M.)	Médecine vétérinaire	1
VILLE (Georges)	Les Engrais chimiques	2
—	L'Ecole des Engrais chimiques	1
VILMORIN	Le bon Jardinier	1
VILMORIN-ANDRIEUX	Les Fleurs de pleine terre	1
—	Calendrier des semis	1

SÉRIE P

ÉCONOMIE POLITIQUE — LÉGISLATION

ABOUT (Ed.)	A B C des Travailleurs	1
ALLOU	Plaidoiries diverses	1
ANONYME	Lois constitutionnelles et organiques	1
—	Catéchisme du socialisme	1
—	Affaire de la souscription Baudin	1
BANCEL-POUPIN (V.)	Les Mystères. Le Droit Divin	1
BARNI (J.)	Les Martyrs de la Libre Pensée	1
—	La Morale dans la Démocratic	1
—	Napoléon Ier	1
—	Manuel républican	1
BARROT (Odysse)	Lettres sur la philosophie de l'histoire	1
BARTHÉLEMY SAINT-HILAIRE	A la Démocratie française	1
BASTIAT (Frédéric)	Correspondance, mélanges	1
—	Le Libre échange	1
—	Cobden et la Ligue	1
—	Sophismes économiques, petits pamphlets	1
—	Harmonies économiques	1
—	Essais, ébauches, correspondance	1
BAUDRILLART (X.)	Histoire du Luxe	4
—	Economie politique populaire	1
BÉNARD (N.-T.)	De l'influence des lois sur la répartition des Richesses	1
BERSOT (E.)	Morale et politique	1
BERVILLE (A.)	Politique et législation	1
BIGOT (C.)	Les Classes dirigeantes	1
BLANC (Louis)	Le Nouveau Monde	1
BLANQUI (A.)	Précis d'économie politique	1
BLIGNIÈRE (C. de)	Philosophie et religion positives	1
BLOCK	La France. Le Département. La Commune	1
—	Paris municipal	1
—	Agriculture, Industrie, Commerce	1
—	Le Budget et l'Impôt	1
—	Législation pratique	1
BLOCK et PONTICH	Administration de la Ville de Paris	1

		vol.
BONNETAIN (J.)	De la Démocratie française et de son avenir	1
BOURON.	Guerre au crédit	1
CARRÉ (A.)	Notes sur le droit familier	1
CERNUSCHI (H.).	Mécanique de l'échange	1
CHARPILET	Conflit du Catholicisme et de la Civilisation moderne	1
CHASSERIAU (Jean) . . .	Du principe autoritaire.	1
CHEVALLIER (Michel) . .	Cours d'économie politique.	1
CONSTANT (Benjamin). .	Cours de politique constitutionnelle . .	4
—	Mélanges politiques et historiques. . .	3
—	Discours	2
DALLOZ (jeune)	Dictionnaire de Jurisprudence	6
DANDOLO (V.).	Les Hommes nouveaux.	1
DANIEL (André).	L'Année politique..	1
DELATTRE (E.).	Devoirs du Suffrage universel.	1
DENIS POULOT.	Le Sublime.	1
DEVILLENEUVE et CARETTE.	Lois et Arrêts. 1791 à 1861.	40
—	Lois annotées. 1789 à 1861.	4
DEVILLENEUVE et GILBERT	Jurisprudence du XIXe siècle	4
DEVINCK	Pratique commerciale	1
DIVERS	Ordonnances de police. 1800 à 1844.. .	3
—	— — Appendice. 1800 à 1861	3
DUBOST (A.).	Les conditions de Gouvernement en France.	1
DUCHESNE (M. A.) . . .	Manuel du Capitaine au long cours . .	1
DUFRAISSE (M.).	Le Deux Décembre devant le Code pénal.	1
DURAND (de Nancy). . .	Guide en affaires	1
DUVAL (J.)	L'Algérie et les Colonies françaises. .	1
ESQUIROS (A.), NADAUD (Martin)	Divers..	1
FERRAND (J.)	Les Pays libres	1
FOUCOU.	Histoire du Travail	1
FOUILLÉE (A.)	L'Idée moderne du droit.	1
FRIBOURG	Le Paupérisme parisien..	1
GAGNEUR.—RICHER (L.)	Divers..	1
GARNIER (J.).	Premières notions d'économie politique.	1
GASPARIN (de)	Discours politiques.	1
GIRARDIN (E. de) et LAMENNAIS	Etudes politiques.	1
GORGES.	La Dette publique..	1
GUERLIN DE GUER . . .	Manuel électoral.	1
GUINIER (T.).	Le Crédit national. — Le Droit des nations.	1
GUYOT (Yves) , ...	La Science économique.	1
GUYOT (Yves). — MORIN (A. S.).	Divers..	1
HERZEN (A.)..	De l'autre Rive.	1
HUREAUX.	La Solution sociale.	1
JANOLIN (Ch.).	L'Aïeule..	1
LANGLOIS (J.-A.). . . .	L'Homme et la Révolution.	2

		vol.
LAPORTE (M.-E.). . . .	L'Alsace reconquise.	1
LAVALLÉE (R.).	Etude sur Channing	1
LAVERGNE (de).	Economie rurale de la France dep. 1789. .	1
LECHEVALIER (J.). . . .	Etudes sur la Science Sociale.	1
LEGOUVÉ (E.). — ACCOLAS.	Divers.	1
LENEVEUX	Le Travail manuel en France.	1
LENOEL (E.).	Les Actionnaires ruinés.	1
LE PLAY (M. J.).	L'Organisation du travail.	1
LEROY-BEAULIEU. . . .	Le Travail des femmes au XIXe siècle. .	1
—	La Question ouvrière au XIXe siècle. .	1
—	Le Collectivisme	1
LESCARRET	Economie Sociale.	1
MACHIAVEL.	Œuvres.	1
MALON (B.).	Histoire du Socialisme.	2
MARAT.	Œuvres.	1
MENIER.	L'Avenir économique.	1
—	*Le même*	1
—	L'Impôt sur le Capital.	1
—	*Le même*.	1
MESNIL-MARIGNY (du).	Economie politique des anciens peuples	1
MILLET (A.).	Manuel du Citoyen français.	2
MOLINARI (de).	L'Evolution économique du XIXe siècle.	1
MORIN (A. S.)	Séparation de l'Eglise et de l'Etat. . .	1
—	*Le même*.	1
MORIN (A. S.). — CAYLA.	Divers.	1
NAQUET (A.).	La République radicale.	1
—	Le Divorce.	1
PASSY (F.).	Les Machines et leur influence.	1
PELIN (G.).	Les Mystères de la procédure.	1
—	Physiologie de la procédure.	1
PELLARIN (Ch.).	Fourier, sa vie et ses œuvres.	1
PERDIGUIER (A.)	Le Compagnonnage.	1
PEREIRE (J.).	Constitution des Banques.	1
PERRENS (F.-T.).	La Démocratie en France au moyen-âge.	1
PEYRAT.	La Révolution et le livre de M. Quinet.	2
PICOT.	Code de commerce.	1
POUPIN. — CAYLA. . . .	Divers.	1
PRÉVOST-PARADOL . . .	La France nouvelle	1
PROUDHON (P.-J.). . . .	Les Majorats littéraires.	1
—	*Le même*.	1
—	La Guerre et la Paix.	1
	De la Capacité politique des classes ouvrières.	2
	La Révolution au XIXe siècle.	1
—	Qu'est-ce que la Propriété ?	1
—	*Le même*	1
—	La Révolution Sociale.	1
—	Le Principe fédératif.	1
—	Exploitation des chemins de fer	1
—	Théorie de la Propriété.	1
QUINET (Edgar).	La République.	1
—	*Le même*.	1
RASPAIL (F. V.).	Réformes sociales.	1

vol.

RÉMUSAT (C. de) . . . . Philosophie religieuse. 1
RIBERT (L.). . . . . . . Esprit de la Constitution du 25 février 1875. 1
RIBOT (P.). . . . . Le Suffrage universel. 1
RICHER (L.). . . . . . . Le Divorce. 1
RIVIÈRE (H.-F.). . . . . Codes français. 2
ROCQUANCOURT (J.-T.) . Essai sur le Paupérisme. 1
SAURIAC (X.) . . . . . . Un Système d'organisation sociale. . . 1
— *Le même*. 1
SAUVAGE (R.). . . . . . Garanties sociales. 1
SAUVESTRE (Ch.) . . . . Une visite à Mettray 1
SCHULTZE-DELITZSCH. . Cours d'économie politique. 2
— *Le même*. 2
SIEGFRIED. . . . . La Misère. 1
SIMON (Jules). . . . . . Le Travail 1
— L'Ouvrière. 1
SIMON (J.). — GAGNEUR. — LÉON (A.). . . . . Divers. 1
SOUVIRON . . . . Manuel des Conseillers municipaux. . 1
SUDRE (A.). . . . . Histoire du Communisme. 1
TOCQUEVILLE (A. de). . De la Démocratie en Amérique. 3
TONIN. . . . . La Question sociale 1
TRIPIER. . . . . Les Codes français. 1
VAINBERGE . . . . Le Suffrage universel. 1
VALARAY (E.-H.). . . . . Mouvements populaires. 1
WOLOWSKI (M.-L.). . . La Question des banques. 1

SÉRIE Q

SCIENCE VULGARISÉE

ANONYME. . . . . M. Pasteur. 1
BACLÉ. . . . . Les Voies ferrées. 1
BADIN (A.). . . . . Grottes et Cavernes. 1
BERSOT . . . . Mesmer et le Magnétisme animal. . . . 1
BERT (Paul) . . . . . . Revues scientifiques (4e et 5e années). 2
BOUANT (E.) . . . . . . Les grands Froids 1
BREWERT (Dr E. C.) . . La Clef de la Science. 1
CASTILLON . . . . Récréations physiques. 1
CAZIN. . . . . Les Forces physiques 1
DEHARME. . . . . Les Merveilles de la locomotion 1
DEHERRYPON . . . . . . Les Merveilles de la chimie 1
DELEVEAU. . . . . La Matière. 1
DELON (C.). . . . . . . Histoire d'un livre 1
DIEULAFAIT. . . . . . . Diamants et pierres précieuses. 1
DIVERS . . . . La Nature. 1881 à 1884 8
— Le Génie civil. 1882 à 1884 3
— La Science populaire. 1
ERNOUF. . . . . Les Inventions du Gaz et de la Photographie 1
FARADAY . . . . Histoire d'une Chandelle. 1
FIGUIER (L.). . . . . . . La Terre avant le Déluge 1
— La Terre et les Mers. 1
— Histoire des Plantes 1
— Vie et Mœurs des Animaux 1

		vol
FIGUIER (L.)	Les Oiseaux	1
—	Les Animaux articulés, les Poissons et les Reptiles	1
—	Les Insectes	1
—	Les Mammifères	1
—	L'Homme primitif	1
—	Les Races humaines	1
—	Le Savant du foyer	1
—	Les grandes Inventions modernes	1
—	Le Lendemain de la Mort	1
—	Les Eaux de Paris	1
—	Savants de l'Antiquité	1
—	Savants du Moyen-Age	1
—	Savants de la Renaissance	1
—	Savants du XVIIe siècle	1
—	Savants du XVIIIe siècle	1
—	Les Merveilles de la Science	4
	Les Merveilles de l'Industrie	4
—	L'Année scientifique	17
—	Histoire du Merveilleux	4
FONVIELLE (W. de)	Le Monde invisible	1
—	La pose du premier Cable	1
GARNIER (G.)	Le Fer	1
GRAFFIGNY (de)	Récits d'un Aéronaute	1
HANNO (G.)	Les Villes retrouvées	1
HÉLÈNE (M.)	Les Galeries souterraines	1
—	Les Grandes Routes du globe	1
HÉMENT (F.)	De l'Instinct et de l'Intelligence	1
—	Menus propos sur les Sciences	1
HÉRAUD (A.)	Les secrets de la Science	1
—	Jeux et Récréations scientifiques	1
HOSPITALIER	Applications de l'Electricité	1
HUGO (Magnus)	Histoire de l'Evolution du sens des couleurs	1
LAMBOTTE	Carnet scientifique	1
LANDRIN (A.)	Les plages de la France	1
—	*Le même*	1
—	*Le même*	1
—	Les Inondations	1
LEFÈVRE	Le Sel	1
LESBAZEILLES	Les Merveilles du Monde polaire	1
LETOURNEAU	La Biologie	1
LITTRÉ	La Science au point de vue philosophique	1
MACÉ (Jean)	Histoire d'une Bouchée de pain	1
—	*Le même*	1
—	Les Serviteurs de l'Estomac	1
—	L'Arithmétique du Grand-Papa	1
—	Contes du petit Château	1
—	Théâtre du petit Château	1
MARION (F.)	Les Merveilles de la végétation	1
—	Les Ballons	1
—	L'Optique	1
MARLÈS (de)	Les Cent Merveilles	1
MARZY (E.)	L'Hydraulique	1

		vol.
Maury	La Terre et l'Homme	1
Menault (E.)	L'intelligence des Animaux	1
Meunier (V.)	Science et Démocratie	2
—	La Science et les Savants	1
Millet	Les Fleuves et les Ruisseaux	1
Moncel (du)	L'éclairage électrique	1
—	Téléphone, Microphone, Phonograpne.	1
—	Téléphone, Phonographe, Microphone.	1
—	*Le même*	1
—	Microphone, Radiophone, Phonographe.	1
Moncel (du) et Géraldi	L'Electricité force Motrice	1
Parville (H. de)	Causeries scientifiques	4
Radau (R.)	L'Acoustique	1
Reclus (Elisée)	Histoire d'un Ruisseau	1
—	Histoire d'une Montagne	1
Rémusat (P. de)	Les Sciences Naturelles	1
Renard (L.)	Les Phares	1
Reynaud (G.)	Les Minéraux usuels	1
—	Les Minéraux	1
Rochas (de)	Les Origines de la Science	1
Saigey (E.)	Les Sciences au XVIIIe siècle	1
Saintine	La Nature et ses trois règnes	1
Simonin (L.)	Histoire de la Terre	1
—	Le Monde souterrain	1
—	L'Or et l'Argent	1
Sircos et Pallier	Histoire des Ballons	1
Sourel (E.)	Le fond de la Mer	1
Temple (L. du)	Les Sciences usuelles	1
Termant	Les Télégraphes	1
Tissandier (G.)	L'Eau	1
—	*Le même*	1
—	La Houille	1
—	Les Merveilles de la Photographie	1
—	La Photographie	1
—	Récréations scientifiques	1
—	Les Héros du travail	1
—	Les Martyrs de la Science	1
Trémeaux (P.)	Principe universel du Mouvement	1
Vimont (Ch.)	Histoire d'un navire	1
Viollet-le-Duc	Histoire de l'Habitation humaine	1
Zurcher et Margollé	Les Ascensions célèbres	1
—	Les Naufrages célèbres	1
—	Les Glaciers	1
—	Les Météores	1
—	Trombes et Cyclones	1
—	Volcans et Tremblements de terre	1
	Télescope et Microscope	1

SÉRIE R

ART ET HISTOIRE MILITAIRES

Anonyme	L'Académie de guerre de Berlin	1
—	L'Armée prussienne en 1870	1
—	Nouvelle organisation militaire de la France	1

		vol.
Anonyme.	Service des Armées en campagne . . .	1
—	Connaissances militaires pratiques . .	1
—	Manuel du Droit International.	1
Bailly	Cours de Fortification	1
Barthélemy	Cours d'Art Militaire.	2
Berthaut (G[al]).	Marches et Combats	1
Canonge (F.).	Histoire Militaire contemporaine . . .	2
Dalsème	L'Art de la Guerre	1
Gougeard.	Cuirassés et Torpilleurs	1
Hennebert (Colonel). .	L'Europe sous les Armes.	1
—	Les Torpilles	1
Hennequin.	Cours de Topographie.	1
La Fuente	Cours de Topographie	1
Lehugeur.	Histoire de l'Armée française	1
Mariotti.	Droit des Gens en temps de guerre. . .	1
Peiffer	Légende Territoriale de la France . . .	1
Quillet-St-Ange . . .	Le Camp retranché de Paris.	1
Rau.	L'Etat militaire des puissances étrangères en 1883	1
Ténot (E.)	Paris et ses Fortifications	1
—	La Frontière	1
Viollet-le-Duc	Histoire d'une Forteresse	1
Von der Goltz.	La Nation armée	1
Waren (de)	Tactique des armées prussiennes. . . .	1

SÉRIE S

PÉDAGOGIE

Anonyme.	L'Enseignement supérieur devant le Sénat.	1
Babeau.	L'Ecole de village pendant la Révolution	1
Barthès	Enseignement gymnastique et militaire	1
Bersot (E.)	Questions d'enseignement..	1
Bert (Paul).	La Loi de l'enseignement primaire. . .	1
—	L'Instruction civique.	1
—	*Le même*	1
Bescherelle (Aîné) . .	L'Instruction popularisée.	1
Bigot.	Le Petit Français	1
Bourde.	Le Patriote.	1
Chalamet (Mme)	L'Ecole maternelle.	1
Cocheris (Mme)	Travaux à l'aiguille..	1
Compayré	Instruction civique.	1
—	Histoire de la Pédagogie.	1
Corbon (A.).	De l'Enseignement professionnel. . . .	1
Cortie.	Précis de Morale	1
Delon (C.).	Les Paysans (Histoire d'un village avant la Révolution..	1
Divers	Le Livre de la Patrie.	1
Dreyfus-Brisac	L'Education nouvelle.	1
Fabre (H.)	Le Ménage.	1
Girardin.	Les Plantes (Leçons de choses).	1
Greff (M.).	La Fermière	1

		vol.
GRÉVILLE (H.)	Instruction morale et civique des jeunes filles.	1
JANET (P.).	Cours de Morale	1
JOURDY.	Le Patriotisme à l'Ecole.	1
LADREYT	L'Instruction en France et en Amérique.	1
LEGENDRE (P.)	Lakanal.	1
LEVASSEUR	L'Etude et l'Enseignement de la géographie.	1
LOCKE	Pensées sur l'Education.	1
LOUBENS (E.)	Conseils aux Ecoliers.	1
MORTIMER-D'OCAGNE . .	Les grandes Ecoles de France	1
PAPE-CARPENTIER (Mme)	Histoires et Leçons de choses	1
RADU (J.).	Instruction élémentaire	1
RAYMOND (Mme).	Leçons de couture	1
RIANT (A.)	Hygiène scolaire	1
ROUSSELOT	La Pédagogie féminine.	1
—	*Le même*	1
SIMON (Jules)	La Réforme de l'enseignement secondaire.	1
—	L'Ecole	1
SCHEFER (Mme).	Méthode de coupe et d'assemblage. . .	1
SCHUWER.	L'Ecole civique.	1
SOUQUET	Les Ecrivains pédagogues.	1
VIEL (Ch.)	Entretien d'un instituteur sur l'utilité des oiseaux	1
ZÉVORT.	Histoire de France (Cours moyen). . .	1
—	Histoire de France (Cours élémentaire)	1

RÉCAPITULATION

SÉRIE	A.	Mathématiques	66	volumes.
—	B.	Physique. Chimie	60	—
—	C.	Histoire naturelle	66	—
—	D.	Histoire naturelle de l'homme. . .	50	—
—	E.	Ouvrages encyclopédiques. Revues.	719	—
—	F.	Philosophie.	170	—
—	G.	Histoire.	845	—
—	H.	Géographie. Voyages.	387	—
—	I.	Littérature	2846	—
—	J.	Beaux-Arts.	116	—
—	K.	Philologie.	64	—
—	L.	Mécanique	9	—
—	M.	Technologie. Industries diverses .	31	—
—	N.	Commerce. Comptabilité.	12	—
—	O.	Agriculture	24	—
—	P.	Economie politique. Législation. .	226	—
—	Q.	Science vulgarisée	161	—
—	R.	Art et Histoire militaires	28	—
—	S.	Pédagogie. Education.	45	—
		Total.	5.925	volumes.

TABLE ALPHABÉTIQUE DES NOMS D'AUTEURS

C

H

I

J

K

L

M

S

Paris. — Typ. A. Parent. A. DAVY succr. 52, rue Madame et rue M.-le-Prince. 14.

TABLE DES MATIÈRES

Paris. — A. Parent, imp. de la Fac. de médec., A. Davy, successeur,
52, rue Madame et rue M.-le-Prince, 14.